Data Science

RapidMiner로 배우는
데이터사이언스 기초편

김병수 · 배화수 · 석경하 · 조대현 · 최국렬 지음

생능출판

RapidMiner로 배우는 데이터사이언스 – 기초편

초판발행 2020년 8월 27일
제1판4쇄 2024년 2월 23일

지은이 김병수, 배화수, 석경하, 조대현, 최국렬
펴낸이 김승기
펴낸곳 (주)생능출판사 / **주소** 경기도 파주시 광인사길 143
출판사 등록일 2005년 1월 21일 / **신고번호** 제406-2005-000002호
대표전화 (031)955-0761 / **팩스** (031)955-0768
홈페이지 www.booksr.co.kr

책임편집 신성민 / **편집** 이종무, 최동진 / **디자인** 유준범, 노유안
마케팅 최복락, 김민수, 심수경, 차종필, 백수정, 송성환, 최태웅, 명하나, 김민정
인쇄 성광인쇄(주) / **제본** 은정문화사

ISBN 978-89-7050-463-6 93000
정가 13,000원

● 이 도서의 국립중앙도서관 출판예정도서목록(CIP)은 서지정보유통지원시스템 홈페이지(http://seoji.nl.go.kr)와
  국가자료공동목록시스템(http://www.nl.go.kr/kolisnet)에서 이용하실 수 있습니다.
  (CIP제어번호: CIP2020032375)

머리말

데이터를 처리하고 분석하여 가치 있는 정보를 얻어서 활용하는 데이터사이언스는 현대사회를 이끌어감에 있어서 중요한 역할을 하고 있다. 데이터사이언스의 모든 과정을 능숙하게 처리할 수 있는 능력을 갖춘다는 것은 통계적 지식, 수학적 지식, 컴퓨팅 지식 등의 다양한 분야에서의 학습이 필요하므로 단기간의 지식 습득으로는 이루어지기 어렵다. 이런 어려움을 해결하기 위해 데이터사이언스를 지원해주는 툴(tool)들이 다양하게 개발되어 있지만 데이터분석에 대한 기초적인 개념과 분석방법에 대한 기본 지식이 있어야 툴을 이용해서 원하는 정보를 얻을 수 있으므로 최소한의 기초적 지식의 습득은 필요하다고 생각한다.

이 책에서는 이러한 툴 중에서, 접근성이 용이하고 그 활용도에 있어서 인정을 받고 있는 래피드마이너 스튜디오(RapidMiner Studio)를 활용하여 데이터사이언스에 대한 기본 지식을 습득할 수 있도록 구성하였다. 래피드마이너 분석프로세스는 프로그램 작성이나 코딩을 할 필요 없이 여러 오퍼레이터들의 조합이 그림으로 표현되어 사용자가 수월하게 결과를 얻을 수 있으며, 또 다양한 유형의 데이터에의 접근이 수월하다는 강점을 지니고 있다.

책의 구성은 전체 9장으로 되어 있고, 데이터 분석을 위한 기본 개념과 데이터에 대한 탐색(PART Ⅰ: 1~5장)과 데이터사이언스의 대표적인 분석방법(PART Ⅱ: 6~9장)의 두 부분으로 구성되어 있다. 학생들이 이해할 수 있는 기초적인 수준의 내용으로 구성하기 위해서, 저자들이 많은 시간 동안 토론과 고민을 통해 각 장의 주제를 선별하여 구성하였다. 각 장에서는 주제에 따른 기초적인 설명과 함께 래피드마이너 스튜디오에서 주어진 데이터를 이용하여 학습한 내용을 실습하도록 되어있다. 분석 순서에 맞추어 실습 화면들이 캡처되어 있어서 컴퓨팅에 익숙하지 않은 학생들도 수월하게 내용을 학습하고 실습할 수 있으리라 생각한다.

데이터사이언스에 대한 기초적 수준의 강의로 활용하는 경우, 한 학기 강의용으로 사용하면 적당할 것으로 생각한다. 다양한 부분에서의 활용도를 생각하면 분석방법에서의 주제를 더 늘여야 할 필요도 있겠지만, 한 학기 교양 강의를 위한 교재를 목표로 시작된 책이니만큼 데이터사이언스에 대한 첫걸음을 도와주는 단계로 이 책이 활용되기를 바란다. 교재에 사용된 자료는 생능출판사 홈페이지(www.booksr.co.kr)에서 내려받을 수 있다.

끝으로 이 책이 출판되도록 수고해주신 생능출판사의 여러분께 감사의 마음을 전한다.

2020년 7월
저자 일동

차례

PART **I**

데이터탐색

01

서론

contents

서론

| 학습목표 |

- 데이터사이언스에 대해 알아본다.
- 래피드마이너에 대해 알아본다.
- 래피드마이너 스튜디오의 사용법에 대해 살펴본다.

1.1 데이터사이언스

현대사회에서는 정보기술의 지속적인 발전으로 많은 양의 자료를 모아 데이터베이스 시스템에 넣어두는 것이 가능하게 되었고, 축적되는 자료의 양은 해마다 끊임없이 증가하고 있다. 또한 인터넷과 전자상거래가 급속하게 보급되면서 소비자와 구매에 관련된 엄청난 양의 자료가 자동으로 컴퓨터에 모이게 되어 과거에는 상상할 수 없을 정도로 방대한 양의 자료를 우리 주변에서 쉽게 찾아볼 수 있게 되었다. 자료의 축적되는 속도가 빨라지고 축적되는 자료의 양이 기하급수적으로 늘어나면서 대용량 자료를 처리하고 분석하여 정보를 창출하고 활용하는 방법론을 제공하는 데이터마이닝(Data Mining)이란 학문이 지식경영을 원하는 현대 사회의 관심을 끌면서 대두하였다.

컴퓨터의 지속적이고 급진적인 발달은 수집되는 데이터의 양을 급속하게 증가시키면서 데이터의 규모(volume)를 커지게 하였고 그에 대응하는 빠른 처리속도(velocity), 그리고 Web 활동과 모바일기기 사용의 증가로 인한 구글, SNS 등 인터넷 서비스 활용 정보를 비롯하여 다양한 소스(source)로부터 생성된 다양하고 복잡한 구조의 데이터(variety)를 처리하고 분석하여 가치 있는 정보(value)를 얻어내는 빅데이터(Big Data)라는 새로운 분야를 이끌어내었다.

데이터의 분석과 활용에 대한 중요성이 지속적으로 부각되면서 데이터에 잠재해있는 가치 있고 유용한 정보를 습득하여 활용하는 능력은 선거결과 예측, 인공지능 알파고의 바둑 대결, 기업경영에서의 정책개발, 국가정책결정 등 사회의 다양한 분야에서 중요한 능력으로 요구되면서 데이터사이언스(Data Science)라는 융합적인 분야가 등장하게 되었다. 데이터사이언스는 정형화된 데이터뿐 아니라 정형화되어 있지 않은 텍스트, 사진, 영상, 소리, SNS와 같은 다양한 형태의 데이터의 분석에 적용시킬 수 있는 과학적 방법, 프로세스, 알고리즘 및 시스템 등을 기반으로 한다. 이러한 기반에서 데이터를 수집하고 저장 및 분석을 하여 지식과 통찰력을 주는 정보를 얻기 위해 결합된 다중 분야로 데이터사이언스를 정의할 수 있다. 이는 언급한 데이터마이닝과 빅데이터와도 관련이 매우 깊다. 데이터사이언스는 사회 전반의 실제 현상을 이해하고 분석하기 위해 데이터 처리 및 분석, 기계학습 및 관련 방법을 통합하는 개념으로 수학, 통계, 컴퓨터 과학 및 정보 과학을 배경으로 하는 많은 분야에서 얻은 기술과 이론을 융합적으로 사용한다.

데이터사이언스의 지식을 갖추고 데이터를 처리하고 분석하여 가치 있는 정보로 활용하는 능력을 지닌 데이터사이언티스트는 현대 사회를 이끌어가는 중요한 역할을 하는 직업군에서 매우 높은 순위를 차지하고 있어 이들에 대한 수요가 증가하고 있지만 수요에 비해 공급은 아직 부족한 형편이다. 데이터사이언스의 모든 과정을 능숙하게 처리할 수 있는 능력을 갖춘다는 것은 통계적 지식, 수학적 지식, 컴퓨팅 지식 등에 대한 다

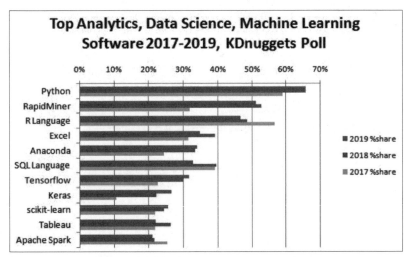

출처: https://www.kdnuggets.com/2018/05/poll-tools-analytics-data-science-machine-learning-results.html

[그림 1-1] 데이터사이언스, 머신러닝 툴 Top 10

양한 분야의 학습이 필요하므로 단기간의 지식습득으로는 이루어지기 어렵기 때문이다. 이러한 수요에 부응하고자 최근에는 복잡하고 다양한 처리과정의 어려움을 도와주고 기본적인 이론만 습득하여도 분석할 수 있도록 자동화된 다양한 툴들이 많이 개발되어 있어 초보자들의 데이터사이언티스트로서의 입문의 길을 도와주고 있다([그림 1-1]). 데이터사이언스를 지원해주는 툴들이 다양하게 제공되어 있으므로 데이터를 이해하기 위한 기초적인 개념이나 분석방법에 대한 기본지식만 습득한다면 원하는 결과를 얻는데 큰 무리가 없을 것이다.

데이터사이언스의 전체과정을 살펴보면 [그림 1-2]와 같이 나타낼 수 있다. 어떤 현상에 대하여 이해하기 위해서는 그 문제를 잘 이해하고 계획을 세워 이에 대한 정보를 얻을 데이터를 수집해야 된다. 수집된 데이터에 대해서는 그림이나 표, 그리고 요약해주는 숫자를 계산하여 데이터를 이해하는 과정이 필요하다. 데이터를 이해한 후에는 결측치나 이상치에 대한 확인을 거친 후, 이들을 정제하고 변환하여 분석하기에 적절한 형태로 만들어야 한다. 적절한 형태로 만들어진 데이터를 이용하여 목적에 맞는 방법을 적용시켜 분석하고, 분석 결과는 평가와 검증을 거쳐 활용할 수 있는 정보로 만들어진다. 검증을 거친 정보는 기존의 문제해결을 위해 활용됨과 동시에 새로운 분석의 필요에 대한 동기를 부여하는 피드백을 제공하게 되어 데이터사이언스의 과정은 일련의 반복되는 사이클이라 할 수 있다.

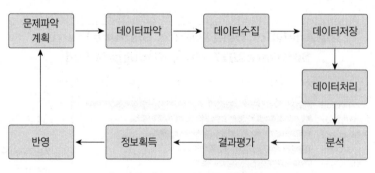

[그림 1-2] 데이터사이언스의 과정

1.2 데이터분석 목적 및 기법

1.2.1 추정

추정(estimation)은 결과가 연속형인 값을 갖는 연속형 반응변수(또는 라벨(label))를 주로 다루는데 주어진 설명변수로부터 수입, 키 혹은 은행 잔고와 같은 미지의 양적변수에 대한 값을 예측하는 작업을 의미한다. 추정에 의해 예측된 결과는 분류작업을 하는데 활용할 수도 있다. 예를 들어, 카드요금 청구서 봉투에 스키부츠 광고를 넣고자 할 때 고객의 성향을 추정하여 고객을 분류하고 적절한 고객에게 광고를 보내게 되면 더 좋은 결과를 얻을 수 있다. 즉, 카드소지고객이 스키를 타는지 타지 않는지 혹은 스키에 대한 성향점수를 추정하여 부츠를 살 잠재고객인지 아닌지를 분류하고, 성향점수가 높은 고객에게 광고를 보내는 것이 훨씬 더 효율적인 작업이라 할 수 있을 것이다. 추정에 사용되는 방법으로는 회귀분석(Regression Analysis)과 신경망분석(Neural Network Analysis)을 들 수 있다.

1.2.2 분류

분류(classification)는 어떤 사물이나 대상(개체)의 특징을 파악하여 미리 정의되어 있는 분류코드에 따라 어느 한 범주에 할당하거나 나누는 것을 의미한다. 분류는 반응변수가 질적변수인 경우를 다룬다. 분류란 분류코드가 정해진 개체에게 주어진 설명변수의 정보를 이용하여 개체를 특정 범주로 할당하는데 활용할 수 있는 분류변수를 만드는 것을 말한다. 분류업무는 잘 정의된 분류코드나 이미 분류가 끝난 사례들로 이루어진 데이터를 이용하여 분류변수를 만들어 아직 분류되지 않은 새로운 개체에 적용하여 분류할 수 있는 모형을 구축하는 것을 말한다. 분류기법을 사용하여 분류작업을 필요로 하는 일 중에는 키워드에 따른 뉴스 기사의 분류, 신용카드 신청자에 대한 신용등급(낮음, 중간, 높음)의 분류, 보험 청구에 대한 분류(예: 정상적인 청구와 허위 청구의 분류) 등을 들 수 있다. 분류작업을 위해서 많이 사용되는 방법으로는 의사결정나무분석(Decision Tree Analysis)을 들 수 있다.

1.2.3 예측

"새로운 개체가 어디로 분류될까?" 혹은 "장차 우리의 고객이 될 확률은 얼마일까?"와 같이 예측(prediction)은 단지 미래에 대한 것이라는 것만 제외하면 분류나 추정과 근본적으로는 같다고 할 수 있다. 분류와 추정에 사용되는 방법을 이용하여 시간 순으로 정리된 자료에 대하여 미래를 예측할 수 있는 모형을 만들 수 있으므로 예측이란 과거와 현재의 자료를 이용하여 미래를 예측하는 모형을 만드는 것이라 할 수 있다. 예측작업에 관한 예를 더 알아보면 고객의 이탈 여부에 대한 예측, 전화의 유료서비스를 사용하게 될 고객에 대한 예측, 그리고 신용카드 결제 계좌를 바꾸게 될 고객에 대한 예측 등이 있다. 사용되는 기법으로는 장바구니분석(Market Basket Analysis), 의사결정나무분석, 회귀분석, 신경망 등을 들 수 있다.

1.2.4 군집화

군집화(clustering)란 이질적인 원소로 구성되어 있는 모집단을 여러 개의 동질적인 집단(혹은 군집)으로 나누는 것을 말한다. 군집화와 분류는 개체들을 몇 개의 그룹으로 나눈다는 점에서는 비슷하나 군집화는 미리 정의된 그룹의 수가 없이 변수에서 얻은 정보로부터 적절한 수의 그룹으로 나누는 것을 말한다. 분류는 소속집단이 일정한 개수로 미리 명시되어있고 데이터를 근거로 분류할 수 있는 모형을 개발하여 개체를 정의된 집단에 할당하는데 활용하게 하는 방법으로 그 차이가 있다. 군집화에서는 개체들끼리의 유사성에 따라 여러 개의 동질적인 군집으로 나누는데, 군집화를 통해 나뉘진 각각의 집단에 대해서는 분석자가 군집의 의미를 부여하여 해석히게 된다. 군집에 사용되는 많이 사용되는 분석으로는 k-평균 분석(k-means Analysis)이 있다.

군집화는 가끔 다른 분석이나 모델링의 선행 작업으로 활용될 수 있다. 예를 들어, 어떤 판촉활동 혹은 홍보 전략이 모든 고객에게 효과가 있을까를 생각하는 대신 고객을 구매습관에 따라 여러 집단으로 나눠서, 각 집단을 해석한 후, 집단에 따라 어떤 판촉활동이 최선일까를 생각하는 것이 더 효과적일 수 있을 것이다. 군집화는 시장 세분화 과정의 첫 번째 단계의 작업에 적용될 수도 있다.

위에 나열된 분석목적을 요약해보면 주어진 자료를 이용하여 (1) 반응변수에 대한 해당 개체의 값을 예측하거나 (2) 개체들이 소속된 그룹에 대한 정보를 자료와 함께 제공하여 그룹에 소속되지 않은 개체가 나타났을 때 이에 대한 소속그룹을 예측하여 분류하거나 (3) 개체들이 소속한 그룹에 대한 정보가 없을 때 개체를 적절한 수의 그룹으로 나누고 해석하는 것의 세 가지로 들 수 있다. 분석목적이 (1)과 (2)인 경우는 반응변수와 설명변수로 각 변수들의 역할이 구분되지만 분석목적 (3)에서는 변수의 역할이 구분되지 않는다. 반응변수가 정해지고 그에 대한 분석을 시도하는 (1)과 (2)의 경우를 지도학습(supervised learning)이라 하고 반응변수에 대한 주어진 정보 없이 분석하는 (3)의 경우를 비지도학습(unsupervised learning)이라고 부른다.

수행하는 업무에 따라 사용되는 기법은 다르지만 많이 사용되는 기법으로 회귀분석, 장바구니분석, 군집분석, 의사결정나무 분석, 신경망분석 등이 있다. 각 기법들에 대한 설명은 계속되는 다른 장에서 다루고자 한다.

수집된 데이터에서 각 변수별로 측정된 값들은 분석기법을 적용하기에 앞서 그림이나 표로 요약하거나 대푯값들을 계산하여 나타난 특징들에 대하여 이해하고 탐색하는 과정이 수행되어야 하는데 변수들의 특징에 따라서 적절한 시각화(visualization)와 계산된 통계량(statistics)들을 활용하게 된다. 이 책의 2장에서는 변수의 종류에 따른 시각화의 방법과 통계량에 대해 설명하고, 일변량데이터의 시각화와 탐색방법을 소개하였다. 3장에서는 데이터를 탐색한 결과 나타난 이상치나 결측치 등에 대한 처리, 변환, 그리고 정제하는 방법에 대해서 설명하였다. 4장에서는 데이터의 시각화를 통한 탐색을 다루었고, 이변량데이터에 대한 시각화와 두 변수간의 관계를 알아보는 상관분석에 대해서 5장에서 기술하였다. 6장은 선형회귀분석에 대해 다루었으며, 의사결정나무에 대해서 7장에 소개하고 있다. 8장에서는 신경망분석에 대해 설명하였으며, 그리고 9장에서는 군집분석에 대해서 다루었다.

이 책은 위에서 나열한대로 각 장별로 데이터에 대한 처리와 분석기법에 대한 기본적인 설명을 한 후, 적절한 자료를 활용하여 래피드마이너 스튜디오로 처리하고, 얻어진 결과를 이용하여 배운 내용을 이해하는 형식으로 구성되어있다.

1.3 래피드마이너

래피드마이니(RapidMiner)는 독일 도르트문트 대학의 인공지능 연구진에 의해 YALE(Yet Another Learning Environment)이라는 이름의 오픈소스 프로젝트로 2001년에 최초 개발되었다. Ingo Mierswa와 Ralf Klinkenberg가 2006년 Rapid-i 회사를 설립하여 2007년 YALE에서 RapidMiner로 상품명을 변경하게 되었고 본사는 보스톤에 위치하고 있다.

래피드마이너는 셀프서비스 데이터분석을 지원하는 예측적 데이터분석 플랫폼으로 수 많은 데이터 형식을 연결할 수 있으며, 데이터 전처리, 모델개발, 시각화까지의 데이터 분석과정이 하나의 플랫폼에서 수행되도록 되어있다. 래피드마이너의 분석프로세스는 프로그램 작성이나 코딩을 할 필요 없이 여러 오퍼레이터들의 조합을 통한 그림으로 표현되어 사용자가 쉽게 인터페이스의 조작을 통해 정의할 수 있다. 기본 데이터분석 업무를 위해 500개 이상의 오퍼레이터를 제공하고 그 외에도 텍스트마이닝, 웹마이닝 등 특화된 다양한 오퍼레이터를 추가할 수 있도록 제공하고 있다.

SAS, ARFF, Strata 등 40가지가 넘는 다양한 형식의 파일을 읽거나 분석할 수 있고 Excel, CSV, 데이터베이스 및 NoSQL인 MongoDB, Cassandra 등에도 접근 가능하며 텍스트, 이미지, 미디어 등의 다양한 파일 형식을 읽거나 접근하고 분석할 수 있도록 지원하고 있다.

이 책의 분석과정은 래피드마이너 스튜디오(RapidMiner Studio) 9.5를 활용하여 진행하기로 한다. RapidMiner Studio의 설치방법에 대해서는 1.5절을 참고하기 바란다.

1.4 래피드마이너 스튜디오

래피드마이너 사용자인터페이스는 계층적 구조를 가지는데 최상위 사용자인터페이스는 뷰(View)로 다른 사용자 인터페이스 요소들을 담는 역할을 수행한다([그림 1-3]). 뷰에는 디자인(Design) 뷰, 결과(Results) 뷰, Turbo Prep 뷰, Auto Model 뷰, Deployments 뷰가 있는데 뷰 창의 메뉴 바에 있는 아이콘을 사용하여 뷰 사이의 전환을 할 수 있다.

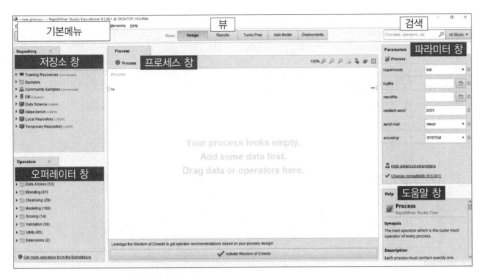

[그림 1-3] 래피드마이너 사용자인터페이스

1) 디자인 뷰(Design View)

래피드마이너의 초기화면은 자동적으로 디자인 뷰가 활성화되며 구성은 [그림 1-3]에서처럼 기본메뉴, 뷰, 검색, 오퍼레이터(Operators) 창, 저장소(Repository) 창, 프로세스(Process) 창, 파라미터(Parameters) 창, 도움말(Help) 창으로 되어있다.

● 오퍼레이터 창

오퍼레이터 창은 관련이 있는 오퍼레이터들끼리 그룹화하여 폴더 형태의 트리구조로 주어지는데 8개의 그룹으로 주어진다. Data Access → Files → Read 폴더를 차례로 클릭하면 [그림 1-4]의 오른쪽과 같이 폴더 내의 오퍼레이터들이 펼쳐진다.

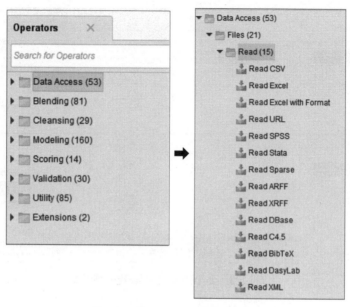

[그림 1-4] Read 오퍼레이터 폴더

필요한 오퍼레이터를 찾기 위해서는 (방법 1) 트리노드를 단계적으로 클릭해서 펼쳐서 찾거나, (방법 2) 오퍼레이터 창에 이름을 입력해서 검색하여 찾으면 된다. 예를 들어, Read Excel 오퍼레이터를 찾는 경우, Data Access → Files → Read → Read Excel 순서로 찾거나([그림 1-5(a)]), 오퍼레이터 검색 창에 Read Excel을 입력해도 된다([그림 1-5(b)]).

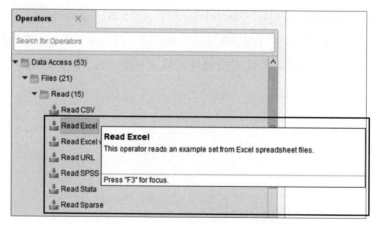

[그림 1-5(a)] 트리노드에서 Read Excel 오퍼레이터 찾기

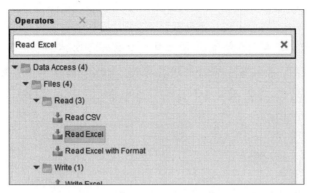

[그림 1-5(b)] 검색으로 Read Excel 오퍼레이터 찾기

찾은 오퍼레이터 위에 마우스를 놓고 왼쪽 버튼을 더블클릭하거나, 마우스 왼쪽 버튼
을 누른 상태로 끌어다가 프로세스 창에 두면 [그림 1-5(c)]에 나타난 것처럼 Read
Excel 오퍼레이터가 프로세스 창에 추가된다.

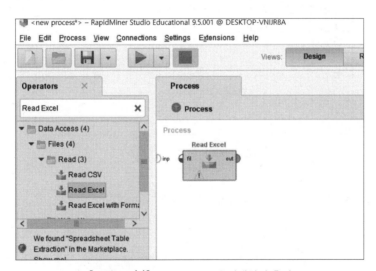

[그림 1-5(c)] Read Excel 오퍼레이터 추가

● 저장소 창

저장소 창은 데이터, 분석프로세스, 분석결과 등을 저장하는 저장고를 관리하는 인터페이스를 제공한다. 분석하는 중이나 마친 후에, 사용된 데이터나 수행한 프로세스는 저장소에 저장해두고 다음 작업에서 불러서 쓰면 편리하다. 저장소와 폴더를 생성하는 법에 대해서 알아보자.

(가) 저장소 생성

저장소 창 오른쪽 상단의 ☰▾ 메뉴에서

① Create repository를 선택한 후([그림 1-6(a)])

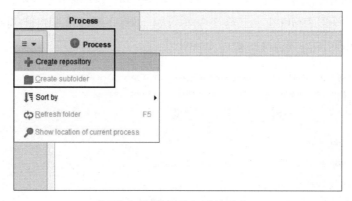

[그림 1-6(a)] 저장소 생성 단계 1

② 나타나는 대화 창에서 Next를 클릭하고([그림 1-6(b)])

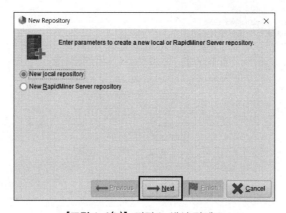

[그림 1-6(b)] 저장소 생성 단계 2

③ 저장소 이름으로 Data Science를 입력하고 체크되어 있는 대로 기본위치에 저장해도 되고 원하는 위치를 지정해도 된다. Data Science 저장소의 위치를 C 드라이브에 지정하길 원하면 체크표시를 없애고 Root directory에 C:\Data Science로 입력하고 Finish를 클릭하면([그림 1-6(c)])

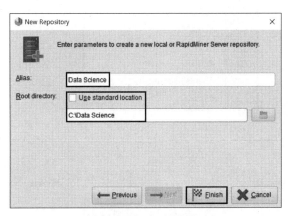

[그림 1-6(c)] 저장소 생성 단계 3

④ Data Science란 저장소가 Local Repository 위에 생성되어 있음을 볼 수 있다([그림 1-6(d)]).

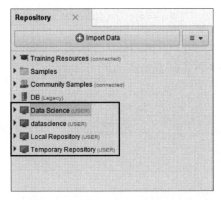

[그림 1-6(d)] Data Science 저장소 생성

(나) 하위폴더 생성

① 저장소 창에서 Data Science를 찾아 선택하고, 마우스 오른쪽 버튼을 클릭하여 Create Subfolder 메뉴를 실행하거나, 또는 저장소 창의 오른쪽 상단의 ▤▾를 클릭하여 Create Subfolder 메뉴를 실행하여([그림 1-7(a)])

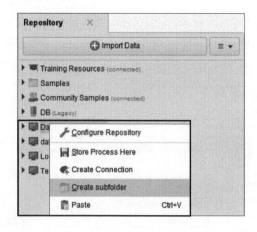

또는

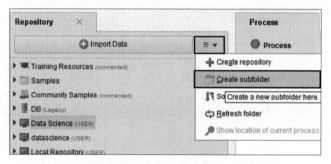

[그림 1-7(a)] 서브폴더 생성 단계 1

② New folder 창에 폴더이름을 Data로 입력하고 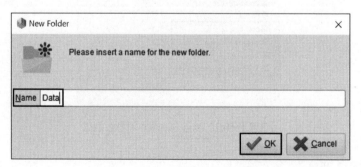를 클릭하면([그림 1-7(b)])

[그림 1-7(b)] 서브폴더 생성 단계 2

③ Data Science 저장소 아래 Data 서브폴더가 생성됨을 볼 수 있다([그림 1-7(c)]).

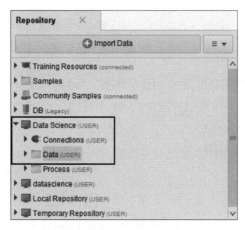

[그림 1-7(c)] Data 서브폴더 생성

④ 똑같은 방법으로 프로세스 서브폴더도 생성할 수 있다([그림 1-7(d)]).

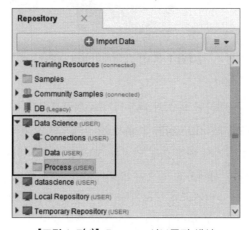

[그림 1-7(d)] Process 서브폴더 생성

● 프로세스 창

프로세스 창은 오퍼레이터를 사용해서 분석을 실시하기 위한 작업공간을 제공한다. 원하는 오퍼레이터들을 찾아 프로세스 창에 배치하고 관련 있는 오퍼레이터끼리 잘 연결하여 실행하면 원하는 분석결과를 얻을 수 있다. 오퍼레이터의 추가와 삭제에 대해 알아보자.

(가) 오퍼레이터 추가

다음의 세 가지 방법에 의해 필요한 오퍼레이터를 프로세스 창에 추가할 수 있다.

(방법 1) 필요한 오퍼레이터를 찾아 더블클릭하면 시스템이 놓이는 위치를 정한다.
(방법 2) 필요한 오퍼레이터를 찾아 마우스로 선택 후, 오른쪽 버튼을 눌러 Insert 오퍼레이터를 클릭한다.
(방법 3) 필요한 오퍼레이터를 찾아 마우스로 끌어다 놓는다(Drag and Drop).

Read Excel 오퍼레이터의 모양과 각 부분에 대한 명칭을 [그림 1-8(a)]에 나타내었는데 오퍼레이터에 따라 포트가 더 추가될 수도 있다. [그림 1-8(a)]의 오퍼레이터 왼쪽하단에 ⚠ 표시가 있는데 클릭하면 확인을 요하는 부분에 대한 메시지를 보여준다.

[그림 1-8(a)] 오퍼레이터의 구성

추가된 오퍼레이터를 선택하면 박스의 테두리가 주황색으로 둘러지고 오퍼레이터 이름도 주황색으로 변한다([그림 1-8(b)]). 프로세스 창에서의 오퍼레이터의 위치를 변경하고 싶으면 오퍼레이터 위에서 마우스를 클릭한 상태로 원하는 위치에 끌어다 놓으면 되고 추가된 오퍼레이터를 삭제하고 싶으면 오퍼레이터 선택 후, 키보드의 삭제(Delete) 버튼을 누르든지 또는, 오퍼레이터 위에서 마우스 오른쪽 버튼을 클릭하여 나타난 단축메뉴에서 Delete를 누르면 된다([그림 1-8(b)]).

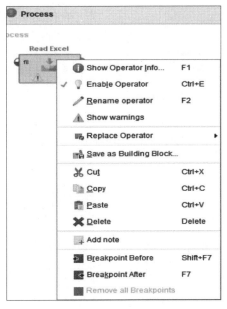

[그림 1-8(b)] 오퍼레이터 단축메뉴

(나) 오퍼레이터의 연결과 삭제

한 오퍼레이터의 출력포트는 다른 오퍼레이터의 입력포트와 연결할 수 있는데 마우스의 왼쪽 버튼을 눌러 한 오퍼레이터의 출력포트를 선택한 상태에서 다른 오퍼레이터의 입력포트로 끌어가서 연결하면 된다. [그림 1-9(a)]에서는 Read Excel 오퍼레이터와 Decision Tree 오퍼레이터를 연결하기 위해서는 Read Excel의 out(출력) 포트 위에서 마우스의 왼쪽 버튼을 누른 상태로 Decision Tree의 tra 포트로 끌어가 두 포트를 이어주었는데 연결됨과 동시에 mod 포트와 exa 포트의 색깔이 흰색에서 초록과 보라로 바뀌게 되어 이들이 다음 포트로 연결될 수 있음을 보여준다. 연결된 오퍼레이터를 삭제하고 싶을 때는 연결선에 마우스를 대면 ⊗ 표시가 나오는데 이를 클릭하거나, 연결선을 선택한 후 키보드의 삭제 버튼을 클릭하든지, 또는 연결선 위에서 마우스 오른쪽 버튼을 클릭하여 ✖Remove Connection 을 클릭하면 된다([그림 1-9(b)]).

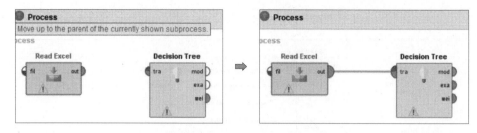

[그림 1-9(a)] 오퍼레이터 연결하기

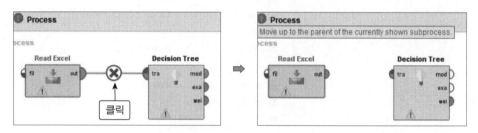

[그림 1-9(b)] 오퍼레이터 연결 삭제하기

●파라미터 창

오퍼레이터를 선택하면 오퍼레이터의 작동을 위해 설정해야 할 파라미터들이 파라미터
창에 활성화되는데 [그림 1-10]에는 Read Excel 오퍼레이터를 클릭하는 경우 나타나
는 파라미터 창을 보여주고 있다.

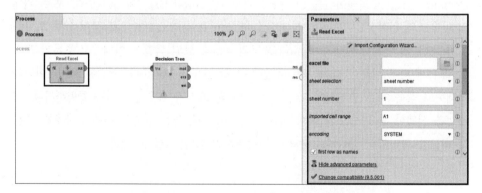

[그림 1-10] Read Excel 오퍼레이터의 파라미터 창

●도움말 창

선택된 오퍼레이터에 대한 설명을 도움말 창에 제공한다.

● 기타 창

기본으로 활성화되어 있는 창 외에 새로운 창을 추가하려면 View → Show Panel 메뉴를 실행하면 되는데 기본적으로 활성화되어 나타나있는 창에는 체크표시가 되어있는 것을 알 수 있다([그림 1-11]).

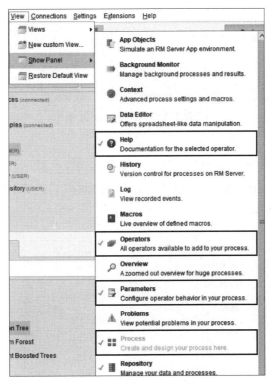

[그림 1-11] Show Panel 메뉴

기본적인 창 외에도 창을 추가할 수 있는데 예를 들어, Data Editor 창을 추가하려면 View → Show Panel에서 Data Editor를 더블클릭하면 저장소 창 아래에 Data Editor 창이 배치됨을 볼 수 있다([그림 1-12]).

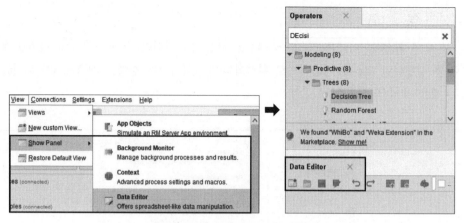

[그림 1-12] Data Editor 창 추가

배치된 창의 위치를 바꾸고 싶으면 창을 선택 후 끌어다가 원하는 위치에 놓으면 된다. [그림 1-13]에는 Data Editor 창이 저장소 창 아래에서 파라미터 창 아래로 이동되어 있는 것을 볼 수 있다.

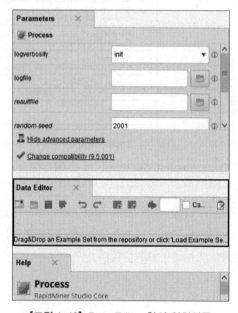

[그림 1-13] Data Editor 창의 위치이동

이동되었던 창들을 기본 형태로 복귀시키고자 할 때에는 View → Restore Default View 라는 메뉴를 실행하면 Data Editor 창이 없어지고 초기화면에서 보았던 기본적

인 창의 구조와 배치상태로 돌아가 있음을 볼 수 있다([그림 1-14]).

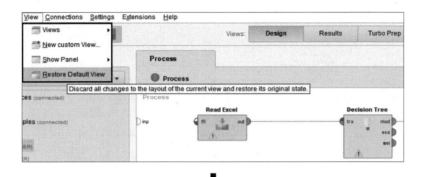

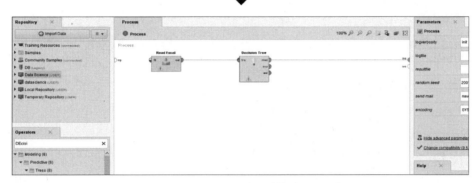

[그림 1-14] 기본 사용자 인터페이스로 복귀

2) 결과 뷰(Results View)

[그림 1-15(a)]에서처럼 프로세스 창의 Decision Tree의 mod 포트와 res 포트를 연결하고 ▶를 클릭하여 프로세스를 실행하면 Read Excel 오퍼레이터에서 읽어드린 excel 데이터를 읽어 그 자료에 대한 Decision Tree 분석을 실시한 결과가 출력되는데 이때 뷰는 결과(Results) 뷰로 전환된다. 현재 상태에서 실행을 하면 분석할 excel 데이터를 읽어오지 않은 상태라서 [그림 1-15(b)]와 같은 메시지가 나타나게 된다.

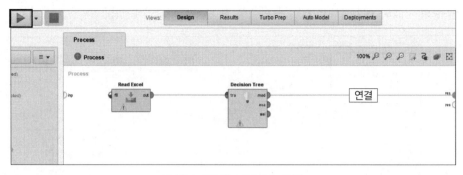

[그림 1-15(a)] 프로세스 실행

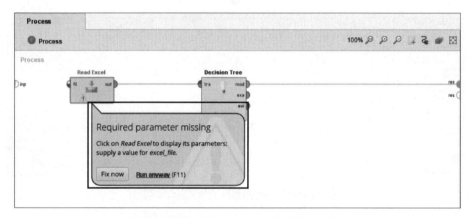

[그림 1-15(b)] 프로세스 실행 후 나타나는 화면

간단한 결과 뷰를 보기 위해 래피드마이너에 저장되어있는 샘플데이터 중 Titanic 데이터를 불러와 실행해서 나타나는 결과를 살펴보기로 하자.

① 데이터를 불러오기 위해 오퍼레이터 창에서 Retrieve 오퍼레이터를 찾아 프로세스 창으로 끌어온다([그림 1-16(a)]).

② 파라미터 창의 노란색 폴더를 클릭하여 저장소검색 창에서 Samples/data 폴더의 Titanic을 찾아 왼쪽 마우스 버튼을 클릭하고 ✔⊠를 클릭하거나 Titanic을 찾아 왼쪽 마우스 버튼을 더블클릭해서 자료를 선택한다([그림 1-16(b)]).

[그림 1-16(a)] Retrieve 오퍼레이터 추가

참고 Titanic 데이터의 위치를 알면 데이터 위에 마우스를 놓고 왼쪽 버튼을 누른 상태로 프로세스 창으로 끌어와 놓으면 ①과 ②의 절차를 한꺼번에 하여 Titanic 데이터를 Retrieve할 수 있다.

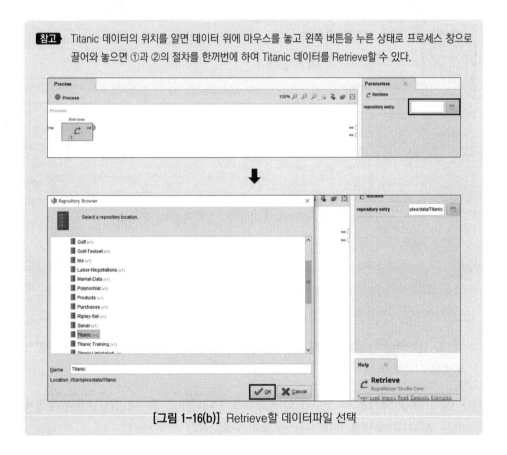

[그림 1-16(b)] Retrieve할 데이터파일 선택

③ 프로세스 창의 Retrieve 오퍼레이터의 out 포트와 res 포트를 연결하고 실행 버튼
　▶을 클릭한다([그림 1-16(c)]).

[그림 1-16(c)] Retrieve 오퍼레이터 실행

④ 왼편의 Result History의 Data가 활성화되면서 결과 뷰에서 Titanic 데이터를 볼 수 있다([그림 1-16(d)]).

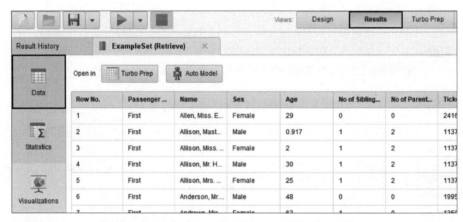

[그림 1-16(d)] Retrieve 오퍼레이터 실행 후 Data 결과 뷰

⑤ 왼편의 Result History의 ▦를 클릭하면 변수를 요약하는 대푯값들이 나타나고 변수 앞의 파란 화살표 ∨를 클릭하면 화살표가 위로(∧) 향하게 되면서 그 변수에 대한 적절한 그래프를 보여준다([그림 1-16(e)]).

⑥ ▦을 클릭하면 다양한 그래프를 선택해 그릴 수 있는데 [그림 1-16(f)]에서는 원그래프를 그려보았다.

⑦ [그림 1-16(g)]에서는 두 변수를 함께 그래프에 나타내고 있는데 선실등급과 성별에 따른 생존자수에 대한 막대그래프를 보여 주고 있다.

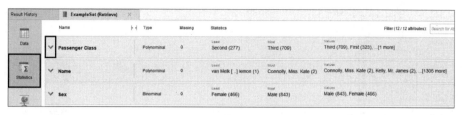

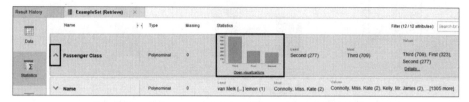

[그림 1-16(e)] Retrieve 오퍼레이터 Statistics 실행결과 뷰

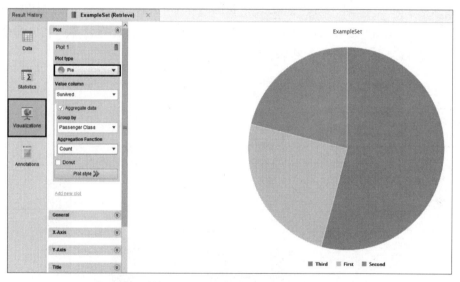

[그림 1-16(f)] Retrieve 오퍼레이터 Pie 그림 실행결과 뷰

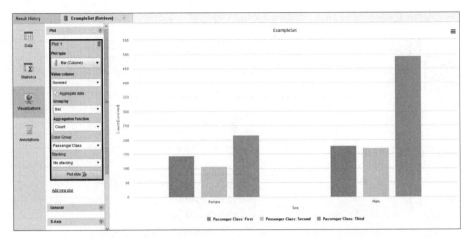

[그림 1-16(g)] Retrieve 오퍼레이터의 막대그래프 실행결과 뷰

⑧ 실행한 프로세스의 저장은 왼쪽 상단 File 메뉴에서 Save Processes를 클릭하여 ([그림 1-17(a)]) Data Science 저장소의 Process folder를 선택한 후, 파일이름을 입력하고 ✓ꉬ를 클릭하여 저장하면 된다([그림 1-17(b)]).

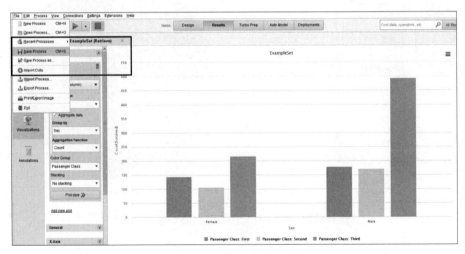

[그림 1-17(a)] 프로세스 저장

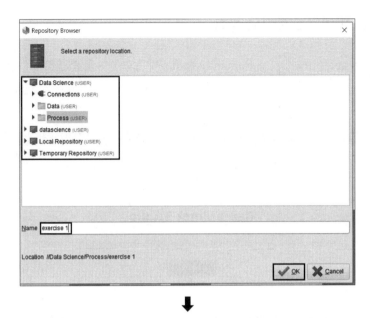

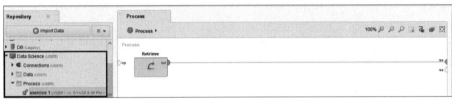

[그림 1-17(b)] 프로세스 저장 완료

분석할 내용에 따라 사용하게 될 오퍼레이터에 따라서 그를 수행하기 위한 파라미터들에서 지정해야 하는 부분이나 실행 후에 보이는 결과 뷰는 다양하게 나타날 것이다. 자세한 내용들은 다음 장들에서 다루기로 하고 다음 절에서는 래피드마이너 스튜디오를 설치하는 방법에 대해서 알아보기로 한다.

1.5 래피드마이너 스튜디오 설치

① https://rapidminer.com/products/studio/에 접속하여  를 클릭한다.

② 운영체계를 선택하여 클릭한다.

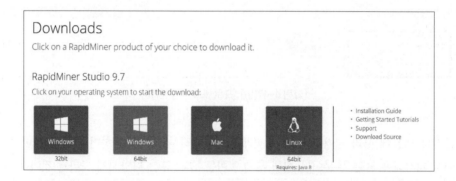

③ 래피드마이너 스튜디오를 실행하거나 저장하시겠습니까?라는 물음에 저장 후 실행
을 클릭한다.

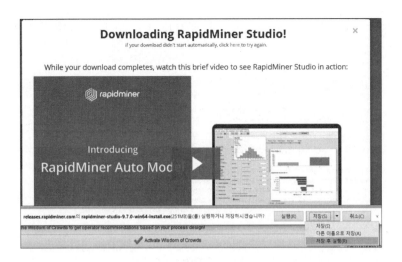

④ RapidMiner Studio Setup Wizard가 나오면 Next를 클릭한다.

⑤ 라이선스 관련조항(License Agreement)을 읽고 I Agree를 클릭하여 계속한다.

⑥ 다음에 나타나는 화면에서 다운로드할 위치를 선택하고 Install을 클릭한다.

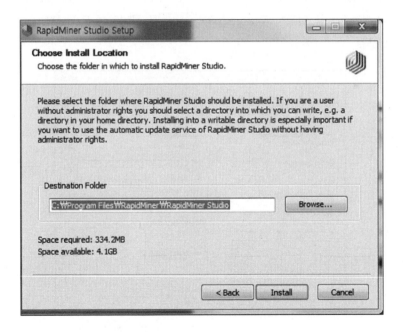

⑦ 설치가 완성되면 Next 클릭 후, Finish를 클릭하여 설치를 마무리한다.

⑧ 라이선스 관련조항을 읽고 체크박스를 체크하고 I Accept를 클릭하여 라이선스 동
의를 마무리한다.

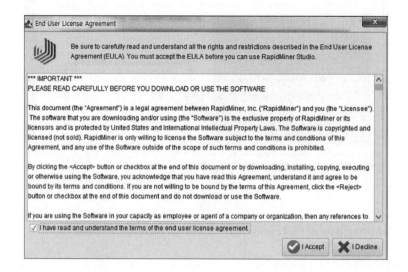

⑨ Account Type에 Educational을 클릭하여 교육용임을 지정하고 이름, 성, email
주소와 패스워드를 입력한 후, ✔ Create my Account! 를 클릭하여 RapidMiner account
를 만든다.

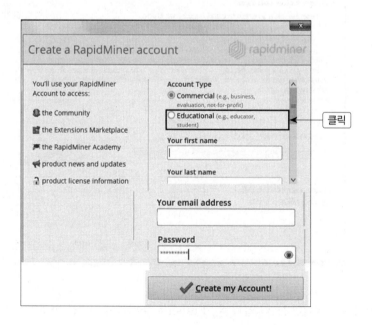

⑩ 래피드마이너에서 보내온 email을 열어 메일 내용에 있는 Verify this email 을 클릭한다.

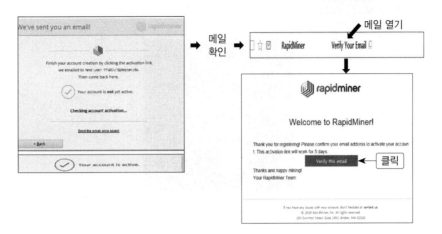

⑪ 'You're all set!'이 나타난 화면에서 'Im ready!'를 클릭한다.

⑫ 설치가 완성되면 다음 초기화면이 나타난다.

⑬ 저장되어 있는 위치에 래피드마이너 스튜디오 아이콘이 나타나 있음을 확인할 수 있고 이 후부터는 아이콘을 클릭함으로써 실행할 수 있다.

연습문제

1. 1장에서 언급한 대표적인 데이터사이언스 분석기법을 쓰고 설명해보라.

2. 데이터사이언스가 적용되는 분야 중 수업에서 기술한 분야 이외에 사용된 예를 검색해서 써보라.

3. 1장에서 설명한 래피드마이너의 창(panel)의 종류를 쓰고 각 창의 활용도에 대해서 간단하게 설명해보라.

02

데이터

contents

데이터

| 학습목표 |

- 변수의 종류와 형태에 대해 학습한다.
- 통계량의 정의와 의미를 이해한다.
- 래피드마이너로 통계량을 구하는 법을 배운다.

요즈음 우리 사회를 뜨겁게 달구는 화두는 단연 빅데이터이다. 또한 각종 미디어를 통해 흔히 나오는 단어 가운데 하나가 통계이다. 자료의 크기가 크든 작든 간에 이들은 직관적이거나 통계적인 분석을 통해 의미 있는 정보로 만들어지며 새로운 의사결정을 위한 결정적인 근거나 기초자료로 사용된다. 본 장에서는 분석을 위한 자료가 어떻게 구성되어 있으며, 각 구성의 종류 및 형태에 대해 알아본다. 또한 이 자료들의 기초통계량과 이들을 구하는 법에 대해 알아본다.

2.1 변수

[표 2-1]은 통계학을 수강한 30명의 학생에 관한 자료를 모아 놓은 표이다. 이러한 자료의 모임을 데이터 집합(data set)이라 한다. 나이, 성별, 학년, 키, 몸무게 등과 같이 각 열(column)을 변수(variable)라 한다. 1번 학생의 [나이-28, 성별-male, 학년-3, 키-183, 몸무게-82] 등과 같이 각 변수에 해당되는 측정값을 자료값(data value)이라 한다. 1번 학생의 자료값의 모임인 [28, male, 3, 183, 82]를 사례(example)라 한다. 그러므로 자료는 실험 대상이 되는 각 개체에 해당하는 관측값들로 구성되어 진다. 위와 같이 각 개체에 대한 관심의 대상이 되는 변수가 여러 개인 자료를 다변량 자료(multivariate data)라 하며 하나의 변수만으로 구성된 자료를 일변량 자료라 한다.

[표 2-1] 통계학 수강생들에 대한 자료

번호	나이	성별	학년	키	몸무게	강의만족도
1	28	male	3	183	82	3
2	18	female	1	160	52	4
3	21	male	2	181	78	3
4	20	female	1	165	54	5
⋮	⋮	⋮	⋮	⋮	⋮	⋮
30	20	male	2	170	65	5

위의 자료는 30명의 학생의 자료이므로 사례 수는 30개이다. 30명으로 구성된 위의 자료는 [번호, 나이, 성별, 학년, 키, 몸무게, 강의만족도] 등 7개의 변수로 이루어져 있으며, 이 중 번호변수는 개체에 대한 식별을 위해 사용되므로 id 변수라고도 한다. 또한 변수는 위의 자료에서와 같이 숫자로 된 변수와 문자로 된 변수가 있다.

관심의 대상이 되는 변수가 서로 영향을 주거나 받는 경우가 있다. 이 경우 영향을 주는 변수를 설명변수라 하며 영향을 받는 변수를 반응변수라 한다. 반응변수와 설명변수들이 어떠한 자료의 형태를 따르느냐에 따라 사용 가능한 분석방법들이 선택될 수 있으며, 이 경우 반응변수와 설명변수를 확실하게 구분하는 것이 중요하다. 이 책의 래피드마이너 실습에서는 반응변수를 라벨(label)이라 하고 설명변수를 일반속성(regular)이라 부른다.

변수값으로 키, 몸무게와 같이 측정단위를 이용하여 측정된 값은 주로 연속적인 값을 가지므로 연속형변수라 한다. 형제나 자매의 수와 같은 형태의 변수는 이산형변수라고 하며, 나이는 일반적으로 연속형변수로 생각할 수도 있으나 이산형변수로 취급되기도 한다. 학년, 성별 등과 같이 측정대상의 특성을 분류하거나 확인할 목적으로 사용되는 변수를 질적변수(qualitative)라 한다. 질적변수가 아닌 변수는 양적변수(quantitative)라고 한다. 질적 변수가 두 가지의 값만 가지는 경우 이항변수(binominal)라 부르며 3개 이상의 값을 갖는 경우 다항변수(polynominal)라 부른다.

이러한 변수값들의 모임을 자료라 하며, 변수의 형태에 따라 분석방법이 달리 적용된다. 역할과 형태에 따라 레피드마이너에서 구분되어 사용되는 변수들을 요약 정리하면 [표 2-2]와 같다.

[표 2-2] 변수의 형태와 역할

역할		형태		
통계학	래피드마이너	통계학		레피드마이너
id	id	양적 변수	연속형변수	real
			이산형변수	integer
설명변수	regular	질적 변수	이항변수	binominal
			다항변수	polynominal
반응변수	label		문자형변수	text

자료들은 다양한 형태로 저장되어 래피드마이너(RapidMiner)를 통한 분석을 기다리고 있을 수 있다. 대표적인 자료 저장형태는 Excel 형태와 Text 형태이다. Excel 형태의 자료는 Excel의 자료 입력 창에서 입력하여 확장자명이 .xls나 .xlsx로 되어 있는 자료를 말한다. Text 형태의 자료는 각 변수값들 간에 다양한 구분자로 구분되어 확장자명이 .txt로 되어 있는 자료를 말한다. Text 형태의 자료로 저장되어 있는 경우 저장된 자료의 구분자에 따라 그 구분자를 지정해 줌으로써 자료를 불러올 수 있다. 래피드마이너에서는 다른 패키지에서 만들어진 다양한 형태의 자료들도 불러와 통계적 분석이 가능하다.

2.2 통계량

측정형 자료인 경우, 측정값들의 특성을 파악하기 위해 측정값들을 대표할 수 있는 다양한 측도를 사용한다. 주어진 자료 $x_1, x_2, \cdots, x_n$ 이 어떤 값을 중심으로 분포되어 있는가를 나타내는 위치 관련 측도인 대푯값과 대푯값을 중심으로 자료들의 흩어진 정도를 나타내어주는 산포도가 많이 사용된다. 대표적인 대푯값과 산포도에 대한 측도는 다음과 같다.

● **평균과 중앙값**

(1) 평균: $\overline{x} = \sum_{i=1}^{n} x_i / n$

(2) 중앙값: 자료를 크기 순서로 늘여 놓았을 때 가운데 놓이는 값. 자료의 개수가 짝

수인 경우, 가운데 2개 값의 평균을 중앙값으로 한다.

● P백분위수와 사분위수

(1) P백분위수: 자료를 크기 순서로 늘여놓았을 때 적어도 P%의 관측값이 그 값보다
작거나 같고 또한 적어도 $(100-P)$%의 관측값이 그 값보다 크거나 같게 되는 값

(2) 제 1사분위수 $Q_1 = $ 제 25백분위수

(3) 제 2사분위수 $Q_2 = $ 제 50백분위수

(4) 제 3사분위수 $Q_3 = $ 제 75백분위수

● 분산과 표준편차

(1) 분산: $s^2 = \dfrac{1}{n-1}\sum_{i=1}^{n}(x_i - \overline{x})^2$

(2) 표준편차: $s = \sqrt{\dfrac{1}{n-1}\sum_{i=1}^{n}(x_i - \overline{x})^2}$

● 범위와 사분위수 범위 변동계수

(1) 범위(Range): 최댓값−최솟값

(2) 사분위수 범위(Inter Quartile Range): $Q_3 - Q_1$

(3) 변동계수: $v = \dfrac{s}{\overline{x}}$

예제 2.1 다음은 30명의 통계학 수강생들의 자료 중 10명의 키에 대한 자료이다.

183 160 181 165 180 170 184 167 170 154

이들 자료에 대한 통계량을 구하라.

| 풀이 |

이들 자료를 크기 순서대로 나열하면 다음과 같다.

154 160 165 167 170 170 180 181 183 184

(1) 최댓값: 184

(2) 최솟값: 154

(3) 평균: 171.4

자료의 합은 $154 + 160 + \cdots + 184 = 1714$ 이다. 그러므로 평균 $\bar{x}$ 는 171.4cm이다.

(4) 분산

각 자료값과 평균값의 차이의 제곱합이 956.4이다.

그러므로 분산: $s^2 = 956.4/9 = 106.267$, 표준편차: $s = \sqrt{106.267} = 10.31$ 이다.

(5) 제 1사분위수 Q_1 : 165

(6) 제 3사분위수 Q_3 : 181

(7) 중앙값(Median): 170

2.3 래피드마이너 실습

2.3.1 자료 불러오기

1) Import Data를 이용하는 방법

[표 2-1]의 자료가 엑셀 형태로 chap2.xlsx란 이름과 텍스트 형태인 chap2.txt로 저장되어 있는 경우

● chap2.xlsx를 불러와 datascience/data/디렉터리에 chap2라는 이름으로 저장하기

① 레피드마이너 창에서 Import Data 메뉴를 클릭한다.

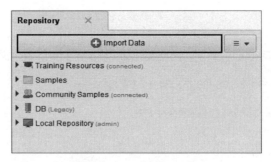

[그림 2-1] Import Data 클릭

② 자료가 저장되어 있는 저장장소를 찾아가기 위해 My computer를 클릭한다.

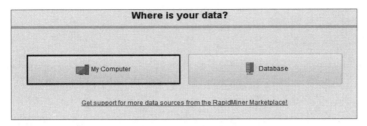

[그림 2-2] 저장위치 선택하기

③ 자료가 저장된 장소에서 원하는 자료를 선택하고 Next를 클릭한다.

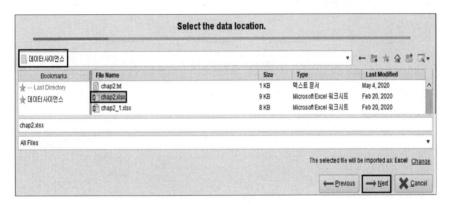

[그림 2-3] 자료 선택 후 Next 클릭

④ 다음 화면에서 자료 확인 후 Next를 클릭한다.

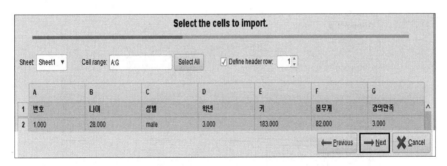

[그림 2-4] 자료 확인 후 Next 클릭

⑤ Next를 클릭한다.

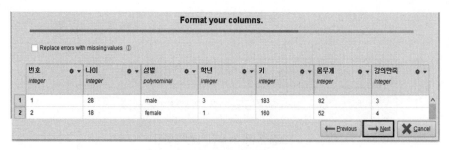

[그림 2-5] 자료 형태 확인 후 Next 클릭

⑥ 불러온 자료를 저장할 장소를 클릭하고 저장할 자료명(chap2)을 입력 후 Finish를
클릭한다.

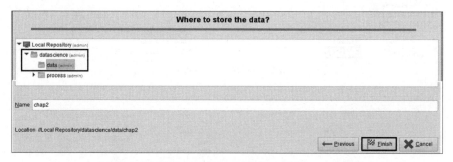

[그림 2-6] 저장장소 선택 및 자료명 입력 후 Finish 클릭

⑦ 원하는 저장장소에 자료명 chap2인 자료가 저장되어 있는 것을 확인할 수 있다.

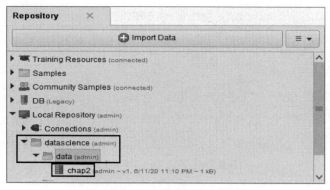

[그림 2-7] 저장된 자료명 확인하기

저장된 자료 chap2는 더블클릭만으로 Results 창에서 자료를 확인할 수 있다. 변수의

형태나 속성을 자료를 불러들일 때 수정하는 방법이 있지만 필요한 Data Editor 창에서 쉽게 수정이 가능하다(3.5절 참조).

● chap2.txt를 불러와 datascience/data/디렉터리에 chap2라는 이름으로 저장하기

① 레피드마이너 창에서 Import Data 메뉴를 클릭한다.

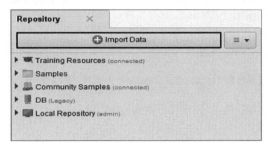

[그림 2-8] Import Data 클릭

② 자료가 저장되어 있는 저장장소를 찾아가기 위해 My computer를 클릭한다.

[그림 2-9] 저장위치 선택하기

③ 자료가 저장된 장소에서 원하는 자료를 선택하고 Next를 클릭한다.

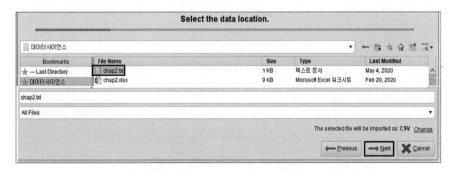

[그림 2-10] 자료 선택 후 Next 클릭하기

④ 다음 화면에서 column separater를 space로 지정 후 Next를 클릭한다.

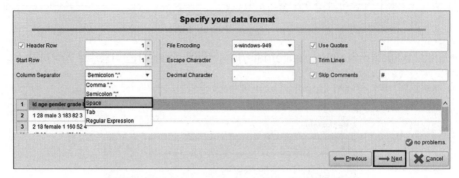

[그림 2-11] column separater 지정 후 Next 클릭하기

⑤ Next를 클릭한다.

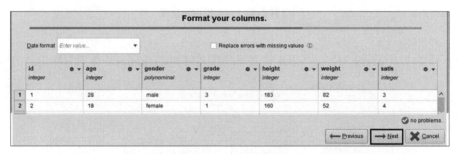

[그림 2-12] Next 클릭하기

⑥ 불러온 자료를 저장할 장소를 클릭하고 저장할 자료명(chap2)을 입력 후 Finish를 클릭한다.

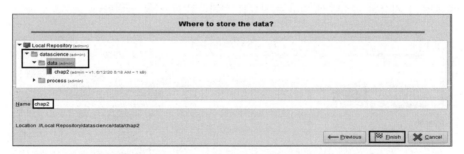

[그림 2-13] 저장장소 선택 및 자료명 입력 후 Finish 클릭

⑦ 원하는 저장장소에 자료명 chap2인 자료가 저장되어 있는 것을 확인할 수 있다.

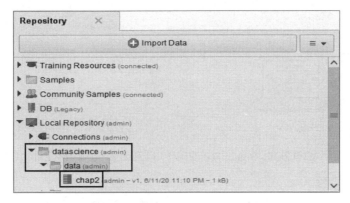

[그림 2-14] 저장된 자료명 확인하기

저장된 자료 chap2는 더블클릭만으로 Results 창에서 자료를 확인할 수 있다. 변수의 형태나 속성을 자료를 불러들일 때 수정하는 방법이 있지만 필요한 Data Editor 창에서 쉽게 수정이 가능하다(3.5절 참조).

2) Read Excel 오퍼레이터를 이용한 자료 불러오기 및 저장하기

● chap2.xlsx를 불러와 datascience/data/디렉터리에 chap2라는 이름으로 저장하기

① 오퍼레이터 창의 검색 창에서 read를 검색한 후 Read Excel 오퍼레이터를 프로세스 창에 가져온다(Read Excel을 더블클릭하면 자동으로 Read Excel이 프로세스 창에 나타난다).

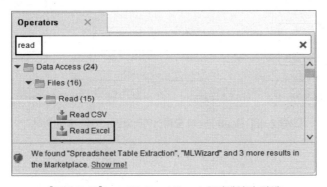

[그림 2-15] read로 Read Excel 오퍼레이터 검색

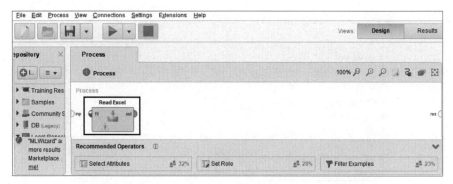

[그림 2-16] Read Excel 오퍼레이터 프로세스 창에 가져오기

② Read Excel을 활성화하여 chap2.xlsx을 선택한 후, Next → Next → Finish 순
서로 클릭한다.

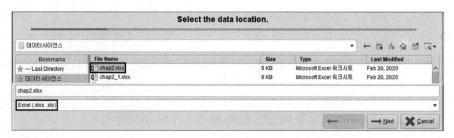

[그림 2-17] chap2.xlsx 자료 위치지정 후 자료 선택

③ Read Excel 오퍼레이터와 res를 연결한 후 실행 버튼(▶)을 누른다.

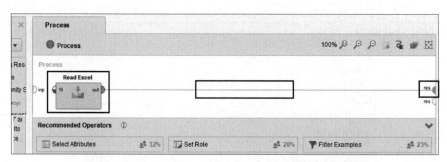

[그림 2-18] Read Excel 오퍼레이터와 res 연결 후 실행하기

④ Turbo Prep을 클릭한다.

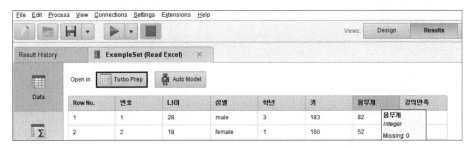

[그림 2-19] Turbo Prep 클릭

⑤ 화면 좌측의 Data from Process에 마우스를 올려두고 오른쪽을 눌러 나오는 창에서 Export를 클릭한다.

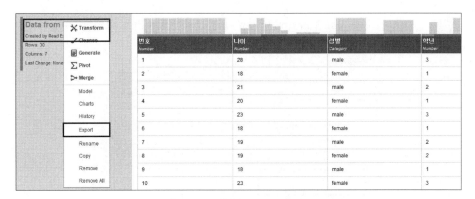

[그림 2-20] Export 클릭하기

⑥ 저장소인 Repository를 클릭하고 Next를 클릭한다.

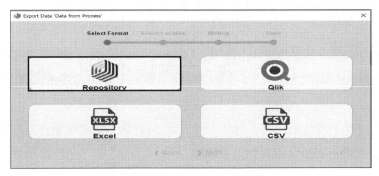

[그림 2-21] 저장소인 Repository 지정하기

⑦ 임시저장 장소인 datascience의 data 폴더를 클릭하고 자료명인 chap2를 입력한
후 Next를 클릭한다.

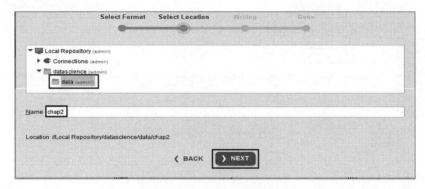

[그림 2-22] 자료명 chap2 입력

⑧ 원하는 저장장소에 자료명 chap2인 자료가 저장되어있는 것을 확인할 수 있다.

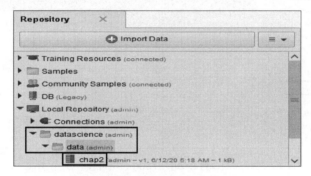

[그림 2-23] 저장된 자료명 확인하기

3) 자료의 형태를 변경하거나 지정하는 방법

● Import Data를 이용한 방법으로 불러들인 datascience의 data 폴더의 chap2를 Data
Editor 창에서 성별변수의 변수형태를 integer(정수형)에서 binominal(이항변수)로 변경
하기

① 래피드마이너 창에서 chap2 자료 위에 마우스를 둔 상태에서 오른쪽을 클릭하여
나오는 창에서 Edit를 클릭한다.

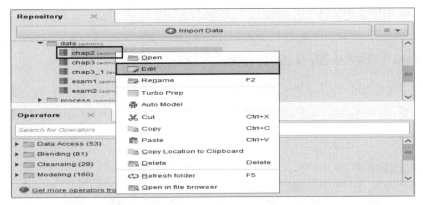

[그림 2-24] 저장된 자료를 Editor 창에 가져오기

② ①의 결과 나온 자료 화면에서 성별변수를 활성화한 후 마우스의 오른쪽을 클릭하여 나오는 메뉴에서 Modify Attribute를 선택한다.

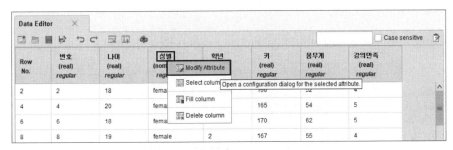

[그림 2-25] Modify Attribute 선택하기

③ 성별에 대한 속성을 binominal로 선택 지정한 후 Apply를 클릭한다.

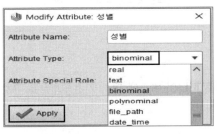

[그림 2-26] 변수 속성 지정하기

4) 변수 역할을 반응변수인 label로 지정하고자 하는 경우

● chap2의 자료에서 몸무게 변수를 label로 지정하기

① 변수형태 변경하기의 ①~②를 먼저 시행한 후 나온 화면에서 몸무게 변수를 활성
화한 후 마우스의 오른쪽을 클릭하여 나오는 메뉴에서 Modify Attribute를 선택
한다.

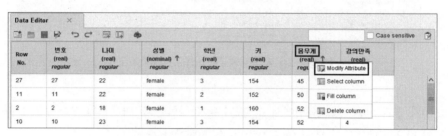

[그림 2-27] 몸무게 변수 Change Role 선택

② ▼을 이용하여 몸무게 변수의 Attribute Special Role을 label로 지정한다.

[그림 2-28] label 지정하기

2.3.2 통계량 구하기

● 저장된 chap2를 이용하여 나이 변수에 대한 기초통계량을 구하기

1) 기초 통계량 구하기

① 저장되어 있는 자료를 찾아 마우스를 자료명에 둔 후 더블클릭하여 chap2 자료가
나타난 화면에서 화면 좌측의 Statistics를 클릭한다.

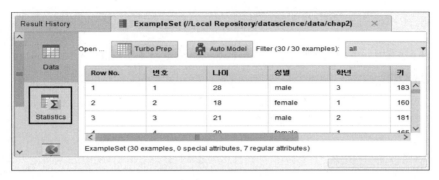

[그림 2-29] Statistics 클릭하기

② 해당 변수인 나이를 클릭한다.

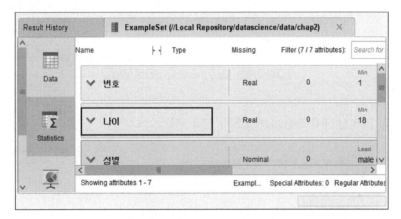

[그림 2-30] 나이 변수 선택하기

③ 나이변수에 대한 통계량을 확인한다.

최솟값(Min: 18), 최댓값(Max: 28), 평균(Average: 20.9),

표준편차(Deviation: 2.325)

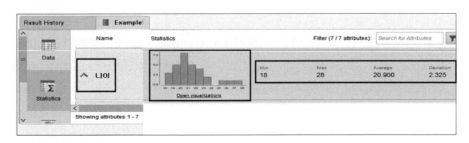

[그림 2-31] 기초통계량 확인하기

2) 4분위수(Q_1, Q_3), 중앙값 알아보기

① 기초통계량 구하기 위한 과정 중 [그림 2-32]의 상태에서 Open visualizations를 클릭한다.

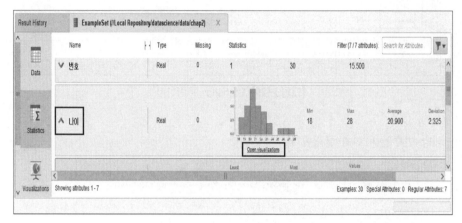

[그림 2-32] Open visualizations 클릭

② Plot의 Plot type을 Boxplot로 선택 지정한다.

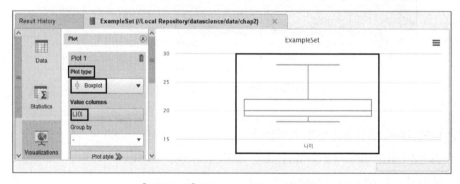

[그림 2-33] Plot type에 Boxplot 지정

③ 마우스를 상자그림에 가져가면 최솟값(Minimum): 18, 제 1사분위수(Lower quartile, Q_1): 19, 중앙값(Median): 20, 제 3사분위수(Upper quartile, Q_3): 22, 최댓값(Maximum): 28이 나타난다.

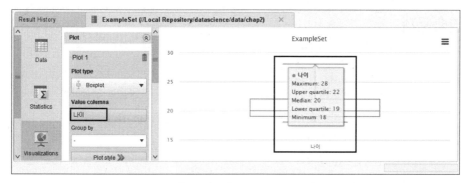

[그림 2-34] 통계량 확인

오퍼레이터 설명

● Read Excel: Excel 형태의 데이터를 불러오는 오퍼레이터

[그림 2-35] Read Excel 오퍼레이터 설명

연습문제

1. 엑셀 자료 형태로 저장된 chap2.xlsx 데이터를 이용하여 다음 물음을 해결하라.

   1) Read Excel 오퍼레이터를 이용하여 저장된 자료(chap2.xlsx)를 불러라.
   2) 변수의 개수는 몇 개인가?
   3) 변수 중 질적변수를 골라라.
   4) 변수 중 다항변수(polynominal)는 어느 변수인가?
   5) 변수 중 이항 변수(binominal)는 어느 변수인가?
   6) 몸무게 변수에 대한 최대, 최소, 평균, 표준편차를 구하라.
   7) 몸무게 변수에 대한 중앙값과 Q_1, Q_3 을 구하라.

2. 엑셀자료 형태로 저장된 chap2.txt 데이터를 이용하여 다음 물음을 해결하라.

   1) Import Data 메뉴를 이용하여 저장된 자료(chap2.txt)를 불러라.
   2) 변수형태를 변경하라.
      성별: binominal,   학년: polynominal
   3) 키에 대한 통계량을 구하라. (최대, 최소, 평균, 표준편차)
   4) 몸무게 변수에 대한 통계량을 구하라. (최대, 최소, 평균, 표준편차)
   5) 키에 대한 중앙값과 Q_1, Q_3 을 구하라.

3. 빈칸으로 분리된 텍스트 형태로 저장된 income.txt 데이터를 이용하여 다음 물음을 해결하라.

   1) Import Data 메뉴를 이용하여 저장된 자료(income.txt)를 불러라.
   2) 변수의 개수는 몇 개인가?
   3) 변수 중 질적변수를 골라라.
   4) 변수 중 다항변수(polynominal)는 어느 변수인가?
   5) 변수 중 이항변수(binominal)는 어느 변수인가?
   6) age 변수에 대한 최대, 최소,평균, 표준편차를 구하라.
   7) income 변수에 대한 중앙값과 Q_1, Q_3 을 구하라.

4. 텍스트 형태로 저장된 toeic.txt 데이터를 이용하여 다음 물음을 해결하라.

1) Import Data 메뉴를 이용하여 저장된 자료(toeic.txt)를 불러라.

2) 변수의 개수는 몇 개인가?

3) 변수 중 질적변수를 골라라.

4) 변수 중 다항변수는 어느 변수인지 확인하고 변수형태를 polynominal로 지정하라.

5) LCTOTAL에 대한 통계량을 구하라. (최대, 최소, 평균, 표준편차)

6) RCTOTAL에 대한 통계량을 구하라. (최대, 최소, 평균, 표준편차)

7) LCTOTAL에 대한 중앙값과 Q_1, Q_3을 구하라.

8) RCTOTAL에 대한 중앙값과 Q_1, Q_3을 구하라.

| 프로젝트코너 |

프로젝트자료를 이용하여 다음을 해결하라.

1) 오퍼레이터를 이용하여 저장된 프로젝트자료(project_data.xlsx)를 불러라.

2) 변수의 개수는 몇 개인가?

3) 변수 중 질적변수(categorical)를 골라라.

4) 변수 중 다항변수는 어느 변수인지 확인하고 변수형태를 polynominal로 지정하라.

5) 변수 중 이항변수는 어느 변수인지 확인하고 변수형태를 binominal로 지정하라.

6) height와 weight 변수에 대한 최대, 최소, 평균, 표준편차를 구하라.

7) weight와 foot_length 변수에 대한 중앙값과 Q_1, Q_3을 구하라.

contents

데이터정제

| 학습목표 |

- 분석을 위한 데이터를 만들기 위해 전처리(정제)에 대해 알아본다.
- 결측치나 이상치 제거하는 법을 배운다.
- 래피드마이너로 전처리하는 법을 배운다.

자료가 잘 정제되어있는 경우 각각의 분석방법을 활용하여 분석하면 되지만 실제 자료들은 불완전하고 정제되어 있지 않은 것이 대부분이다. 이런 경우 데이터 정제과정은 반드시 거쳐야 하는 단계이다.

[표 3-1]은 학생 10명의 키(height), 몸무게(weight) 및 성별(gender)에 관한 자료이다.

[표 3-1] 학생 10명의 예제 자료

id	height	weight	gender
1	183	63	m
2	160	67	m
3	181	75	.
4	165	105	male
5	180	62	
6	170	75	m
7	184	68	f
8	167	65	m
9	170	57	m
10	154	49	m

이 자료가 Excel에 chap3.xlsx라는 이름으로 다음과 같이 저장되었다고 하자.

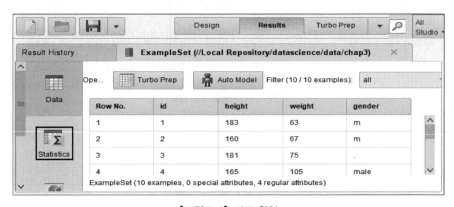

[그림 3-1] 입력된 자료

id=3의 경우 gender 변수에서 이상치 "."으로 입력되어 있으나 id=5인 경우 결측치인 빈칸으로 되어있으며 id=4인 경우 male로 입력되어 있음을 알 수 있다. 입력 시 오류를 포함한 상태로 자료가 저장된 경우 이를 불러 수정하는 방법을 알아보고자 한다. 위의 자료가 래피드마이너에 chap3이라는 이름으로 저장되어 있다고 가정하자.

3.1 오류정보

① 저장된 자료 chap3을 찾아 더블클릭한 후 나타난 화면의 좌측에서 Statistics를 클릭한다.

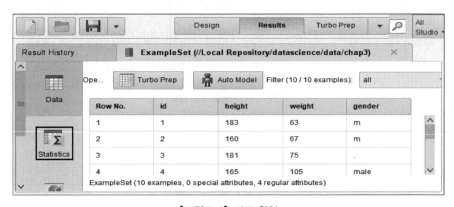

[그림 3-2] 자료 확인

② 화면 좌측의 Statistics 버튼을 클릭하면 gender 변수에 관한 결측 정보와 오류에 대한 정보를 확인할 수 있다. 즉, 10개의 관측치 중 m이 6개, "."이 하나, f가 하나, male이 하나임을 알 수 있다.

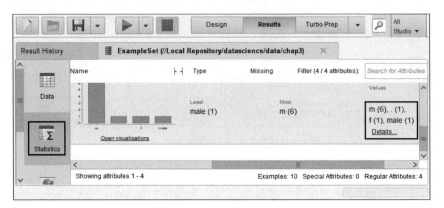

[그림 3-3] 오류정보 확인

③ gender 변수의 경우 결측(Missing)에 관한 정보를 통해 결측치가 하나 있음을 확인할 수 있다.

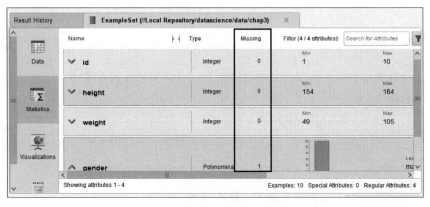

[그림 3-4] 결측 정보 확인

3.2 결측치 및 이상치

3.2.1 결측치 제거하기

● 빈칸으로 되어있는 id=5인 관측치를 제거하기

① chap3 자료를 찾아 자료 위에서 왼쪽 마우스를 누른 상태에서 마우스를 프로세스 창에 가져온 후 검색 창에서 filter를 검색하여 Filter Examples 오퍼레이터를 클릭하여 프로세스 창에 가져와 서로 연결한다.

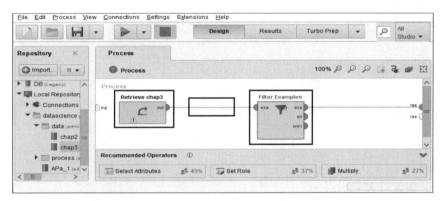

[그림 3-5] 자료와 Filter Examples 오퍼레이터 가져오기

② Filter Examples를 활성화하여 나타난 창에서 변수명 gender를 입력하고 "is not missing"을 선택한다.

[그림 3-6] 결측치 제거

결측치가 있는 변수가 많은 경우 Add Entry를 이용하여 다른 해당 변수들도 입력할 수 있다.

③ ✔_{OK} 를 클릭한 후 프로세스 창에서 실행 버튼(▶)을 눌러 결과 창의 data에서 id=5인 경우의 자료가 제거된 것을 확인할 수 있다.

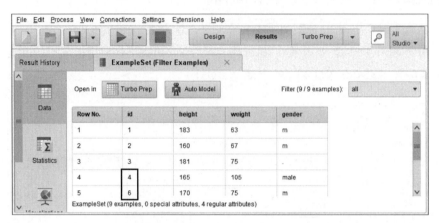

[그림 3-7] 결측치 제거 후 결과

3.2.2 이상치 제거하기

● 자료에서 이상치인 "."으로 되어 있는 값을 제거하기

① 결측치 제거할 때의 [그림 3-2]에서 오퍼레이터 창의 검색 창에서 filter를 검색한 후 Filter Examples 오퍼레이터를 클릭하여 프로세스 창에 가져온다.

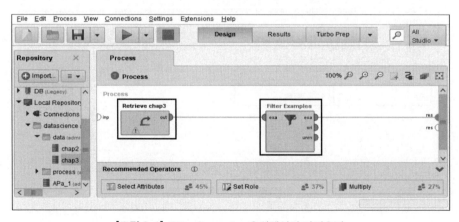

[그림 3-8] Filter Examples 오퍼레이터 가져오기

② Filter Examples 오퍼레이터를 활성화한 다음 gender를 입력하고 does not contain을 선택 및 "."을 입력한 후 ✔OK를 클릭한다.

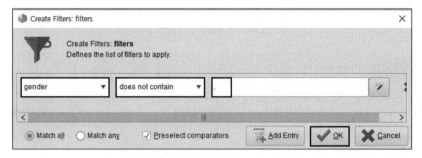

[그림 3-9] "."으로 되어 있는 것을 제거

③ 프로세스 창에서 실행 버튼(▶)을 눌러 결과 창의 data에서 결측치가 제거된 것을 확인할 수 있다.

3.2.3 결측치와 이상치 동시에 제거하기

● 공란으로 되어 있는 결측치와 "."인 이상치를 동시에 제거하기

① 자료와 오퍼레이터 창에서 Filter Examples 오퍼레이터를 프로세스 창에 가져 온다.

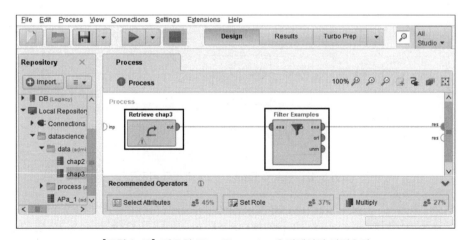

[그림 3-10] 자료와 Filter Examples 오퍼레이터 가져오기

② Filter Examples를 활성화하면 다음과 같은 화면이 나타난다. 위의 내용을 🔲Add Entry를 이용하여 해당 변수와 내용을 각각 입력하고 선택 후 ✔OK를 클릭하여 결과 창의 data에서 원하는 제거가 동시에 이루어진 것을 확인할 수 있다.

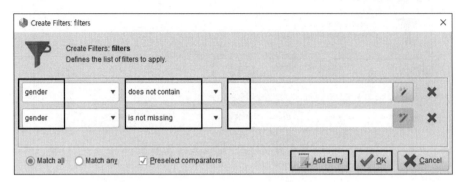

[그림 3-11] "."으로 되어 있는 것과 결측치 동시 제거

3.2.4 입력값 바꾸기

● 자료에서 male을 m으로 바꾸기

① chap3 자료와 오퍼레이터 창의 replace를 검색하여 검색 창에서 Replace 오퍼레이터를 프로세스 창에 가져온 후 Replace 오퍼레이터를 실행한다.

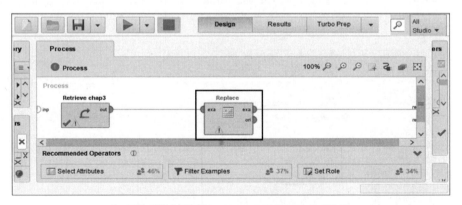

[그림 3-12] 자료 및 Replace 오퍼레이터 가져오기

② '현재 변수값(Regular Expression)에 male을 입력하고 대체할 변수값(Replacement: value for 'replace by')을 m으로 입력 후 ✔Apply를 클릭한다.

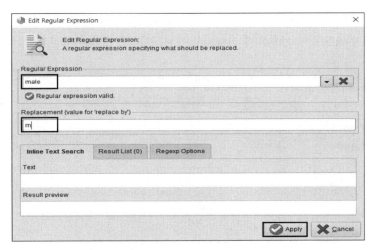

[그림 3-13] 현재 변수값과 대체할 변수값 입력

③ 프로세스 창에서 실행 버튼(▶)을 클릭한다.

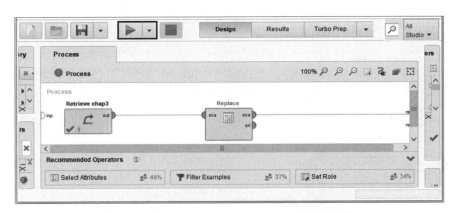

[그림 3-14] 실행 버튼으로 Replace 오퍼레이터 실행

④ 결과 창의 data에서 male이 m으로 변경되었음을 확인할 수 있다.

● **자료에서 m을 male으로 바꾸기**

m을 male로 바꾸는 것을 male을 m으로 바꾸는 것과 동일한 방법으로 위와 같이 하면 male이 maleale로 바뀌어 있음을 확인할 수 있다. 단일 문자를 식별하기 위한 정규표현식을 사용해야 한다.

① chap3 자료와 오퍼레이터 창의 replace를 검색하여 검색 창에서 Replace 오퍼레이터를 프로세스 창에 가져온 후 Replace 오퍼레이터를 실행한다.

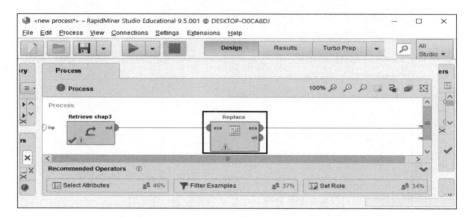

[그림 3-15] 자료 및 Replace 오퍼레이터 가져오기

② 현재 변수값(Regular Expression)에 정규표현식 \b[m]\b를 입력하고 대체할 변수값(Replacement: value for 'replace by')을 male로 입력 후 [✓ Apply]를 클릭한다.

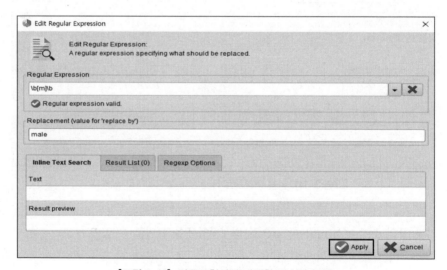

[그림 3-16] 정규표현식과 대체할 변수값 입력

③ 프로세스 창에서 실행 버튼(▶)을 클릭한다.

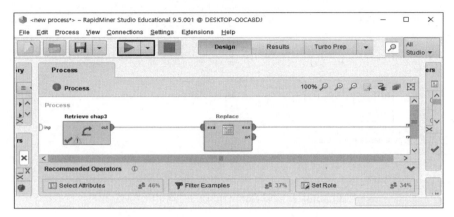

[그림 3-17] 실행 버튼으로 Replace 오퍼레이터 실행

④ 결과 창의 data에서 m이 male으로 변경되었음을 확인할 수 있다.

3.3 변수생성

3.3.1 id 변수 생성하기

chap3_1.xlsx 자료는 weight와 height 변수로 이루어진 엑셀로 저장된 자료이다. 이를 불러 chap3_1로 datascience/data에 저장되어 있다고 하자.

●자료 chap3_1 에 id 변수를 부여하기

chap3_1와 같이 id 변수가 없는 경우 id 변수를 부여하고자 한다.

① chap3_1 자료와 오퍼레이터 창의 검색 창에서 generate를 검색한 후 Generate ID 오퍼레이터를 클릭하여 프로세스 창에 가져온다.

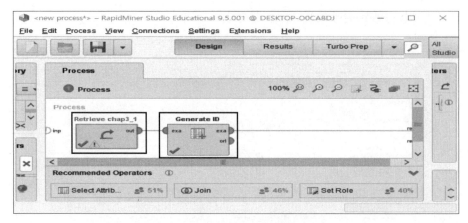

[그림 3-18] 자료 및 Generate ID 오퍼레이터 가져오기

② 실행 버튼을 클릭하면 id 변수가 부여된 자료를 results 창에서 확인할 수 있다.

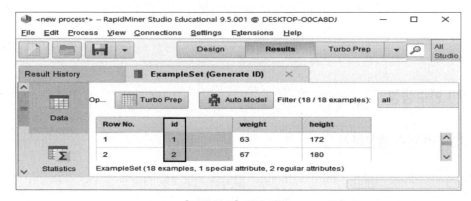

[그림 3-19] 결과 확인

3.3.2. 파생변수 생성하기

chap3_1 자료에서 weight와 height 변수를 이용하여 새로운 변수를 만들고자 한다.

● 체질량지수 $BMI (= \dfrac{weight\,(kg)}{height\,(m) \times height\,(m)})$라는 새로운 변수 만들기

① chap3_1 자료와 오퍼레이터 창의 검색 창에서 generate를 검색한 후 Generate Attributes 오퍼레이터를 클릭하여 프로세스 창에 가져온다.

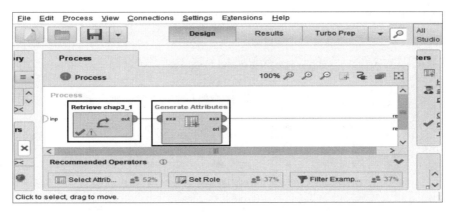

[그림 3-20] 자료 및 Generate Attributes 오퍼레이터 가져오기

② Generate Attribute 오퍼레이터를 실행한 후 나오는 창에서 변수이름(attribute name)을 bmi로 함수 표현식(function expressions)을 weight/(height /100*height/100)을 입력한 후 ⊘Apply를 클릭한다.

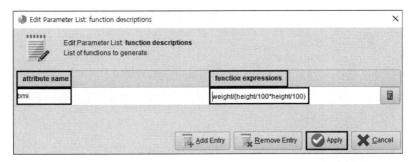

[그림 3-21] Generate attributes 오퍼레이터 실행 후 내용 입력

③ Results를 통해 새로운 변수 bmi가 만들어졌음을 확인할 수 있다.

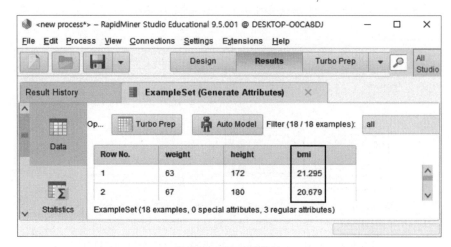

[그림 3-22] 결과 확인

3.3.3 난수 생성하기

●0과 1 사이의 난수 생성하기

사례수 100개인 세 개의 변수와 이들 변수값의 합인 label 변수로 구성된 자료를 만들어 보기로 하자.

① 오퍼레이터 검색 창에서 generate를 검색한 후 Generate Data 오퍼레이터를 프로세스 창에 가져온다(Generate Data를 더블클릭하면 자동으로 Generate Data가 프로세스 창에 나타난다).

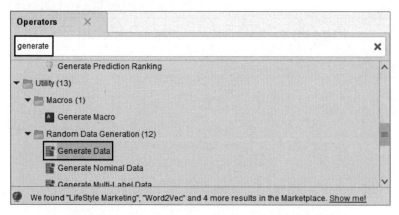

[그림 3-23] generate로 Generate Data 오퍼레이터 검색

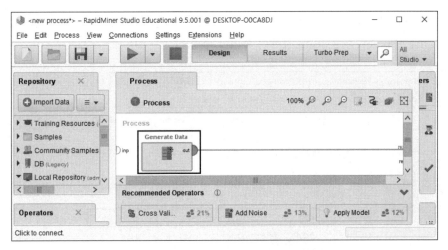

[그림 3-24] Generate Data 오퍼레이터 프로세스 창에 가져오기

② Generate Data를 활성화하여 target function에 sum을 지정하고 사례수 (number of examples)를 100으로 변수수(number of attributes)를 3으로 변수값의 하한(attributes lower bound)을 0으로 변수값의 상한(attributes upper bound)을 1로 지정한다.

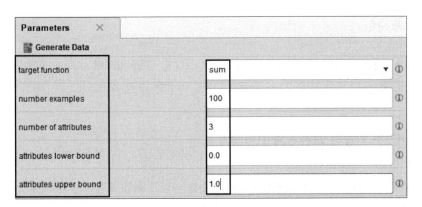

[그림 3-25] Generate Data 옵션 지정하기

③ 실행 버튼을 클릭하면 사례수 100개인 세 변수 att1~att3과 이들 변수값의 합인
  label 변수 자료를 results 창에서 확인할 수 있다.

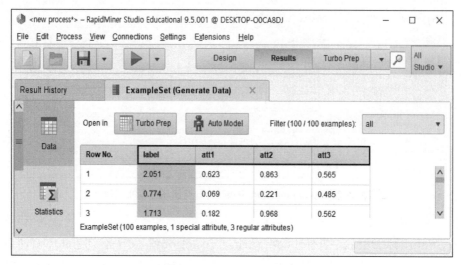

[그림 3-26] 생성된 자료 확인하기

3.4 자료저장

래피드마이너에서 작업 중인 자료는 저장소에 저장할 수도 있으며 우리가 원하는 장소
에 Excel 형태(XLSX) 혹은 Text 형태(CSV)로 저장할 수 있다.

3.4.1 변경한 자료를 저장소에 저장하기

● 3.3절에서처럼 chap3_1을 이용하여 bmi 변수를 만들고 이를 포함하는 새로운 자료집합
  을 저장소에 exam이라는 자료명으로 저장하기

① 3.3절의 ①~②와 같이 chap3_1 자료를 불러 Generate Attributes 오퍼레이터를 실행하여 새로운 변수 bmi를 생성한 후 Results를 통해 이를 확인 후 Turbo Prep을 클릭한다.

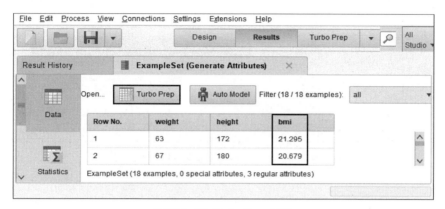

[그림 3-27] Turbo Prep 클릭

② Turbo Prep을 클릭하면 다음과 같은 창이 나온다.

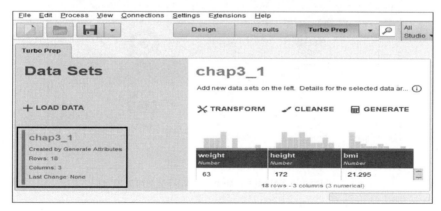

[그림 3-28] Turbo Prep 클릭 결과

③ 화면 좌측의 chap3_1에 마우스를 올려두고 오른쪽을 눌러 나오는 창에서 Export 를 클릭한다.

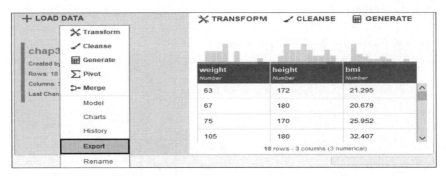

[그림 3-29] Data from Process 메뉴에서 Export 클릭하기

④ 저장소인 Repository를 클릭하고 Next를 클릭한다.

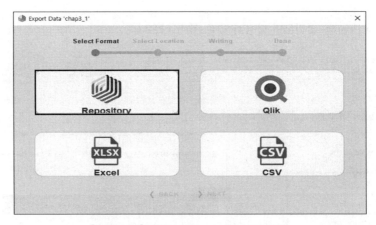

[그림 3-30] 저장소인 Repository 지정하기

⑤ 임시저장 장소인 Temporary Repository를 클릭하고 자료명인 exam를 입력한 후 Next를 클릭한다.

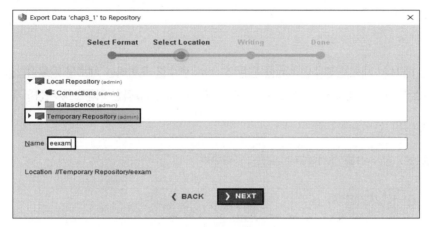

[그림 3-31] 자료명 exam 지정

⑥ 임시저장 장소인 Temporary Repository에 exam이라는 자료가 저장된 것을 확인할 수 있다.

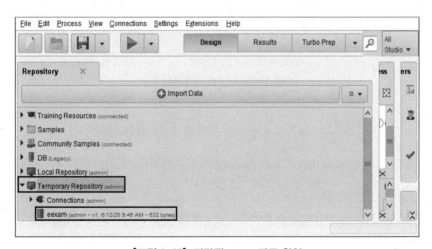

[그림 3-32] 저장된 exam 자료 확인

3.4.2 변경한 자료를 다른 형식으로 저장하기

변경된 자료를 컴퓨터에 저장하는 자료의 형태는 엑셀 형태와 Text 형태로 저장할 수
있다.

● 3.5.1절에서 새로운 변수인 bmi를 만든 후 bmi 변수를 포함하는 새로운 자료집합을 저
장소 대신에 C:\데이터사이언스\에 엑셀 형태인 exam.xlsx라는 이름으로 저장하기

① 3.4.1의 ①~③과 동일

② XLSX(Excel)를 클릭하고 Next를 클릭한다.

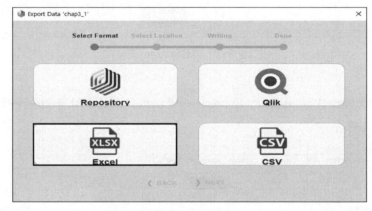

[그림 3-33] 저장될 자료형태 지정

③ 저장장소를 지정하고 자료명인 exam을 입력한 후 Next를 클릭한다.

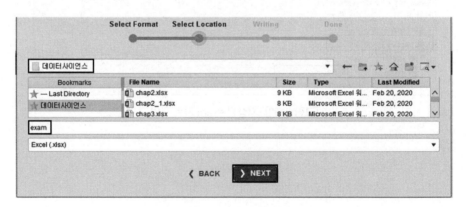

[그림 3-34] 자료가 저장될 장소 지정

④ 저장장소에 exam이라는 자료가 저장된 것을 확인할 수 있다.

엑셀 형태의 자료가 아닌 Text 형태의 자료로 저장하고자 하는 경우, 위의 ②에서 XLSX(Excel) 대신에 CSV를 선택하고 Next를 클릭한 후, 저장장소인 데이터사이언스를 클릭하고 자료명인 exam을 입력한 후 Next를 클릭하면 된다.

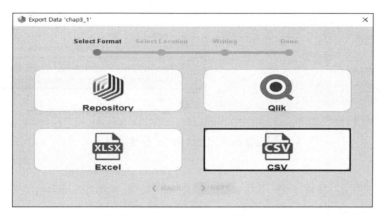

[그림 3-35] 저장될 자료의 형태 지정

3.5 Data Editor 창

3.5.1 Data Editor 창에서 자료입력 후 저장하기

본 절에서는 래피드마이너의 Data Editor 창에서 자료를 직접 입력하여 이를 저장하는 방법을 알아본다.

● [표 3-1]의 학생 10명의 예제 자료를 Data Editor 창에서 입력하고 이를 exam1이라는 이름으로 저장하기(단, id=3, id=5인 경우 결측(공란)으로 id=4인 경우 male은 m으로 입력)

① 상단 메뉴 중에서 View 클릭 → Show Panel 클릭 → Data Editor 클릭을 통해 Data Editor 창을 연다.

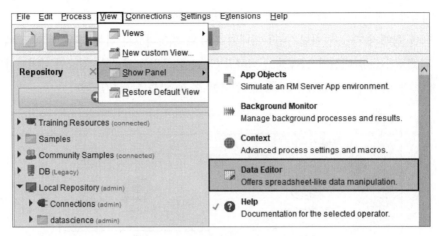

[그림 3-36] Data Editor 창 열기

② Data Editor 창에서 행 추가 버튼(🖽)을 클릭하여 관측치의 개수(10)를 입력 후 OK를 클릭한다.

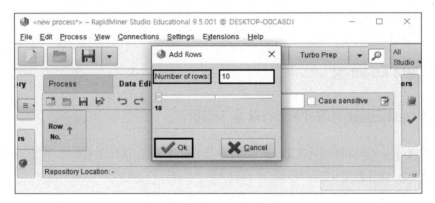

[그림 3-37] 자료의 개수 입력하기

③ Data Editor 창에서 변수생성 버튼(🖽)을 클릭하여 변수명(Attribute Name)을 id, 변수형태(Attribute Type)를 integer, 해당하는 변수역할(Attribute Special Role)을 입력 후 Create & Next를 클릭한다.

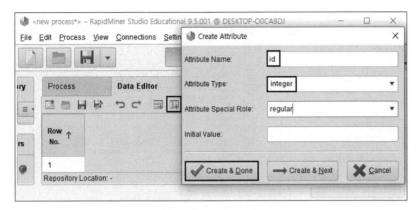

[그림 3-38] id 변수 생성하기

④ 변수명(Attribute Name)을 height, 변수형태(Attribute Type)를 integer, 해당하는 변수역할(Attribute Special Role)을 입력 후 Create & Next를 클릭한다.

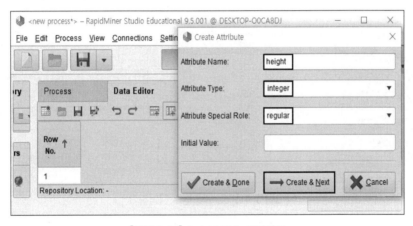

[그림 3-39] height 변수 생성하기

⑤ 변수명(Attribute Name)을 weight, 변수형태(Attribute Type)를 integer, 해당하는 변수역할(Attribute Special Role)을 입력 후 Create & Next를 클릭한다.

[그림 3-40] weight 변수 생성하기

⑥ 다음 화면에서 변수명(Attribute Name)을 gender, 변수형태(Attribute Type)를 binominal, 해당하는 변수역할(Attribute Special Role)을 입력 후 Create & Done을 클릭한다.

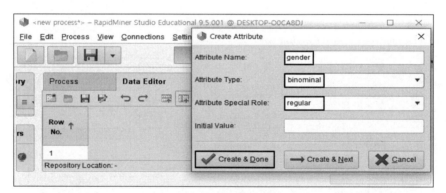

[그림 3-41] gender 변수 생성하기

⑦ 각 사례에 해당하는 변수 id, height, weight, gender들의 자료값들을 입력한 후 저장 아이콘(🖫)을 클릭한다.

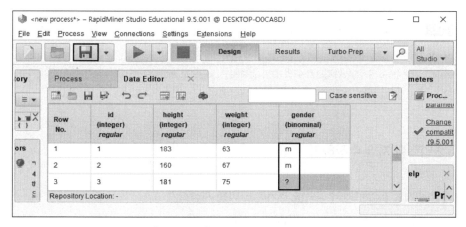

[그림 3-42] 자료입력 후 저장하기

⑧ 저장장소(data)를 지정하고 자료명(exam1)을 입력한 후 OK를 클릭한다.

[그림 3-43] 저장장소 지정 및 자료명 입력하기

⑨ datascience/data/에 자료명 exam1이 저장되어 있음을 알 수 있다.

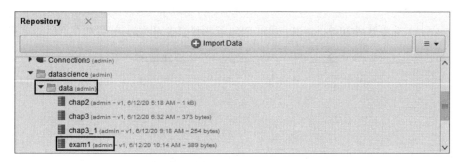

[그림 3-44] 저장된 자료 확인하기

gender 변수의 경우 원자료를 그대로 입력할 경우 이항변수인 경우 두 가지 값만을 가져야 하는데 m, f, male "." 등 4종류의 값을 가지므로 위와 같이 결측치는 공란으로 male은 m으로 수정한 후 저장이 가능하다.

3.5.2 입력된 자료 수정하기

● 저장된 자료 exam1에서 공백을 제거하고 이를 저장하기

1) exam1로 저장된 자료를 수정 후 동일한 이름으로 저장하기

① 저장된 자료(exam1) 위에서 마우스 오른쪽을 클릭하여 나오는 메뉴에서 Edit를 선택한다.

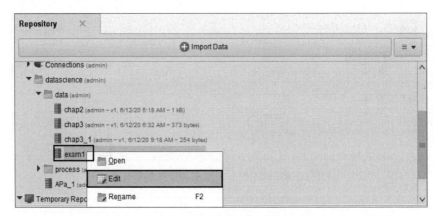

[그림 3-45] 저장된 자료 Data Editor 창에 불러오기

② exam1 자료를 확인 후 id=3인 행의 임의의 자료값을 활성화한 후 마우스의 오른쪽을 눌러 나오는 메뉴 중 Delete selected row(s) 메뉴를 클릭한다.

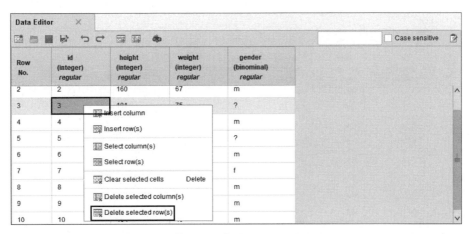

[그림 3-46] 자료 수정하기

③ ②에서의 방법과 같은 방법으로 id=5인 자료값 위에서 Delete selected row(s) 메
뉴를 클릭한다.

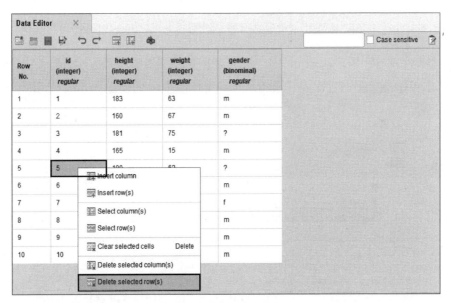

[그림 3-47] 자료 수정하기

④ 결측이 제거된 자료를 원자료명인 exam1로 저장하려면 다음 화면의 저장 아이콘
(💾)을 선택한다.

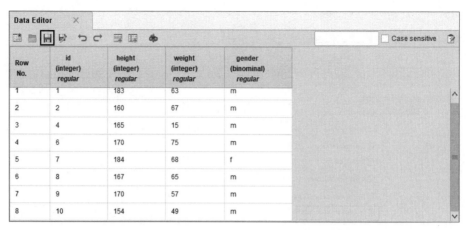

[그림 3-48] 수정된 자료 같은 이름으로 저장하기

2) 저장된 자료를 수정 후 다른 이름으로 저장하기

결측이 제거된 자료를 exam2로 저장하는 방법은 다음과 같다.

① 1)에서의 ①~③을 통하여 결측인 자료를 제거한다.

② 결측이 제거된 자료를 exam2로 저장하려면 다음 화면의 새로운 이름으로 저장하기 메뉴 (🖫)를 선택한 후 저장장소를 지정하고 자료 이름을 exam2로 입력하면 된다.

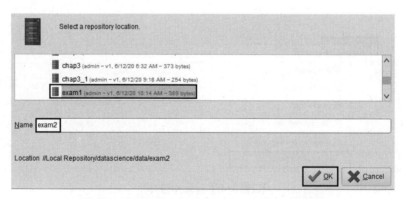

[그림 3-49] 새로운 저장장소 지정 및 자료명 입력하기

● Retrieve: 저장소에 저장된 데이터를 불러오는 오퍼레이터

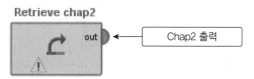

[그림 3-50] Retrieve 오퍼레이터 설명

● Filter Examples: 조건에 맞는 사례를 찾는 오퍼레이터

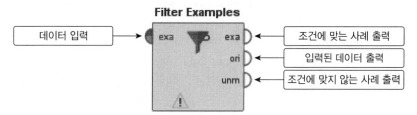

[그림 3-51] Filter Examples 오퍼레이터 설명

● Replace: 자료값을 변경하기 위한 오퍼레이터

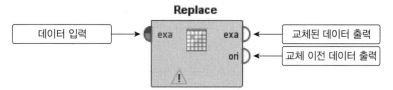

[그림 3-52] Replace 오퍼레이터 설명

● Generate ID: ID 변수를 생성하기 위한 오퍼레이터

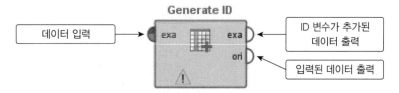

[그림 3-53] Generate ID 오퍼레이터 설명

● Generate Attributes: 새로운 변수를 생성하기 위한 오퍼레이터

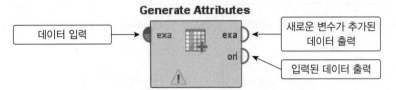

[그림 3-54] Generate Attributes 오퍼레이터 설명

● Generate Data: 데이터를 생성하는 오퍼레이터

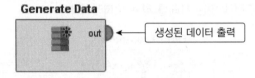

[그림 3-55] Generate Data 오퍼레이터 설명

연습문제

1. chap3.xlsx 자료를 이용하여 다음 물음을 해결하라.

   1) Import data 메뉴를 이용하여 C:\에 저장된 chap3.xlsx를 불러 chap3으로 저장하라.
   2) chap3을 통하여 gender 변수에 대한 입력 상태를 알아보아라.
   3) gender 변수에 대한 결측치가 있는 경우 이를 제거하라.
   4) gender 변수값이 "."인 경우 이를 제거하라.

2. chap3_1.xlsx 자료를 이용하여 다음 물음을 해결하라.

   1) Read Excel 오퍼레이터를 이용하여 C:\에 저장된 chap3_1.xlsx를 불러 chap3_1로 저장하라.
   2) Generate Attributes를 이용하여 비만도 지수인 bmi 변수를 추가하여 만들어진 자료 집합 cahp3_2라는 이름으로 Temporary Repository에 저장하라.
   3) 2)에서 만든 자료를 C:\datascience에 exam1.csv라는 이름으로 저장하라.
   4) 2)에서 만든 자료를 C:\datascience에 exam1.xlsx라는 이름으로 저장하라.

3. income.txt 자료를 이용하여 다음 물음을 해결하라.

   1) Import data 메뉴를 이용하여 C:\에 저장된 income.txt를 불러 income으로 저장하라.
   2) 불려진 income 자료의 변수 형태를 아래와 같은 형태로 지정하여라.

   city, age, income: integer

   religion, educatn, occupatn: polynominal

   gender: binominal

   3) income 변수값이 "."인 경우 이를 제거하라.
   4) occupatn 변수값이 "."인 경우 이를 제거하라.
   5) id 변수를 추가한 자료를 만들어 이를 포함하는 income1이라는 자료로 저장하라.

4. toeic.txt 자료를 이용하여 다음 물음을 해결하라.

1) Import Data 메뉴를 이용하여 C:\에 저장된 toeic.txt를 불러 toeic으로 저장하라.

2) 불려진 toeic 자료의 변수 형태를 아래와 같은 형태로 지정하라.

college, grade: polynominal

3) 결측이 있는 변수에 대해 알아보고 결측인 자료는 제거하라.

4) grade 값이 5인 경우는 제거하라.

4) Generate Attributes를 이용하여 LC1+LC2+LC3+LC4=LC라는 변수를 생성하라.

5) Generate Attributes를 이용하여 RC1+RC2+RC3=RC라는 변수를 생성하라.

6) 2), 3), 4), 5)를 실행 후 자료집합을 toeic1이라는 이름으로 저장하라.

| 프로젝트코너 |

프로젝트자료를 이용하여 다음 물음을 해결하라.

1) Read CSV 오퍼레이터를 이용하여 project_raw_data.xls를 불러라.

2) 변수 food에 결측치가 있는 사례를 제거하라.

3) phone 변수값 중 A를 Apple로 변경하라.

4) gender 변수값 중 M을 Male로 변경하라.

5) weight가 40 이하인 사례를 제거하라.

6) 2)~5)를 실행한 후의 정제된 자료를 프로젝트자료수정.xlsx라는 이름으로 C:\에 저장하라.

04

데이터시각화 Ⅰ

contents

데이터시각화 I

| 학습목표 |

- 일변량 데이터의 시각화 방법에 대해 알아본다.
- 도수분포표를 이해한다.
- 변수의 형태에 따라 사용되는 그래프를 이해한다.
- 래피드마이너로 시각화하는 방법을 배운다.

데이터를 도표나 그래프로 나타내면 보다 많은 정보를 시각적으로 빠르게 전달할 수 있다. 데이터가 이산형인 경우와 연속형인 경우에 따라 적용하는 그래프가 달라진다. 4장에서는 2장에서 사용한 30명의 자료인 chap2.xlsx를 이용하여 데이터 시각화에 대하여 설명하고자 한다.

4.1 도수분포표

학년, 혈액형, 교통사고 건수, 자녀의 수 등과 같이 자료의 형태가 이산형인 경우 변수가 갖는 각 자료값이 나타내는 빈도를 셀 수 있으며 이를 도수(frequency)라 한다. 이 도수를 전체 자료의 수(n)로 나눈 값을 상대도수(relative frequency)라 하며, 이를 도표화한 것이 도수분포표(frequency table)이다.

2장의 통계학 수강생의 자료를 이용하여 학년(grade)에 대한 도수분포표를 그려라.

| 풀이 |

학생 30명의 성별에 따른 빈도를 구하면 각각 [female-16, male-14]임을 알 수 있다. 그러므로 도수분포표는 다음과 같다.

[표 4-1] 성별에 관한 도수분포표

성별	도수	상대도수
female	16	0.533
male	14	0.467

female이 16명이며 이는 전체(30명)의 53.3%에 해당하며 male이 14명으로 이는 전체의 46.7%이다.

연속형 자료의 경우 적당한 계급 구간을 정하여 도수분포표를 그릴 수 있다. 통계학 수강생 자료인 chap2.xlsx를 불러 datascience/data 방에 chap2로 저장되어 있다고 하자.

● chap2 자료를 이용하여 학년 변수에 대한 도수분포표 만들기

① 자료 chap2를 더블클릭한 후 Statistics를 클릭한다.

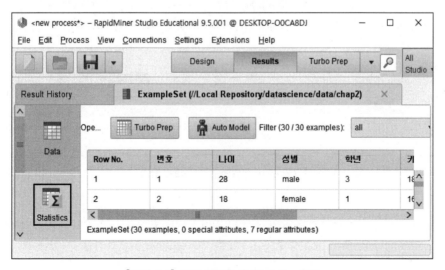

[그림 4-1] 자료 불러온 후 Statistics 클릭

② 변수 성별을 클릭한다.

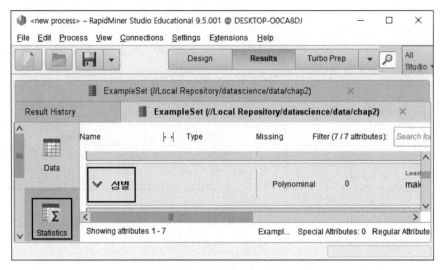

[그림 4-2] 성별변수 선택

③ 성별변수의 Details를 클릭한다.

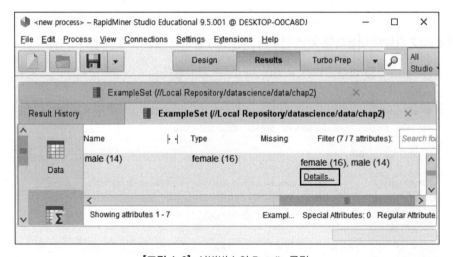

[그림 4-3] 성별변수의 Details 클릭

④ 다음과 같은 도수분포표를 통하여 Nominal value(변수값), Absolute count(도수, frequency) 및 Fraction(상대도수, relative frequency)를 확인할 수 있다.

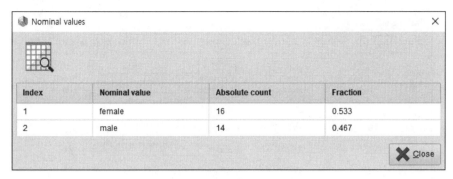

Index	Nominal value	Absolute count	Fraction
1	female	16	0.533
2	male	14	0.467

[그림 4-4] 도수분포표 확인

4.2 상자그림

상자그림은 자료의 특성을 요약해 주는 역할을 한다. 주어진 자료들의 특성을 잘 나타내기 위해서 몇 개의 숫자를 이용할지, 이들 숫자가 의미하는 바가 무엇인지, 이들을 어떻게 그림으로 표현할지를 사전에 합의하는 것이 필요하다. 이러한 목적에 가장 적합한 숫자들로 2장에서 정의된 양 극단값(최댓값, 최솟값), 중앙값과 사분위수(제 1사분위수, 제 3사분위수)를 생각할 수 있으며 이 다섯 숫자들을 그림으로 나타낸 것이 상자그림이다. 이 그림을 보면 자료의 특성을 한눈에 알아볼 수 있다.

● 성별에 따른 키 변수 상자그림 그리기

chap2 자료를 이용하여 성별에 따른 키에 대한 상자그림을 그리는 방법은 다음과 같다.

① chap2 자료를 Data Editor 창에 불러서 Modify Attributes 메뉴를 이용하여 성별변수를 이항변수(binominal)로 지정한 후 저장 아이콘을 눌러 자료를 저장한다.

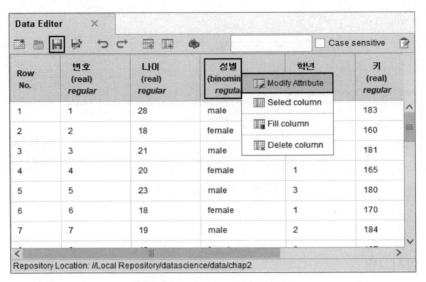

[그림 4-5] 성별변수 변수형태 변경

② 자료 chap2를 더블클릭으로 연 후 Statistics를 클릭한다.

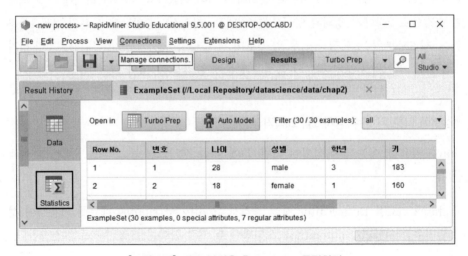

[그림 4-6] 자료 불러온 후 Statistics 클릭하기

③ 키 변수를 선택한 후 Open visualizations를 클릭한다.

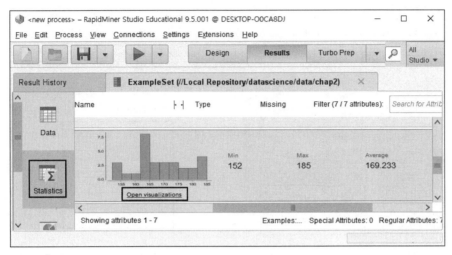

[그림 4-7] Open visualizations 클릭

④ Plot type을 Boxplot으로 변경한 후, Group 변수를 성별로 지정한다.

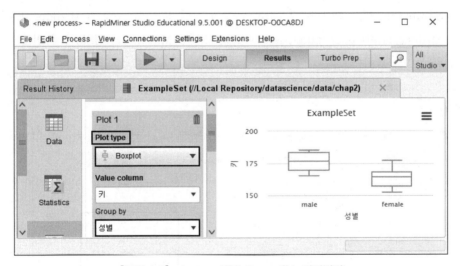

[그림 4-8] plot type 변경 Group 변수 지정결과

⑤ Group 변수를 지정하지 않으면 키 변수에 대한 Boxplot이 그려진다.

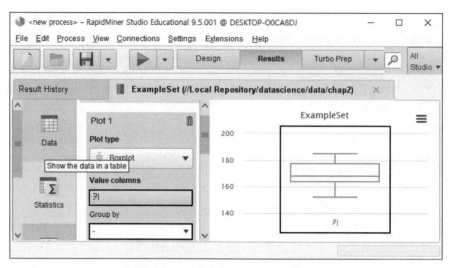

[그림 4-9] Group 변수 지정하지 않은 결과

⑥ ⑤의 결과 화면에서 마우스를 그래프 위에 올리면 위와 같이 키에 대한 최솟값
(Minimum: 152), 제 1사분위수(Lower quartile: 163.75), 중앙값(Median: 168),
제 3사분위수(Upper quartile: 177.25), 최댓값(Maximum: 185)을 확인할 수
있다.

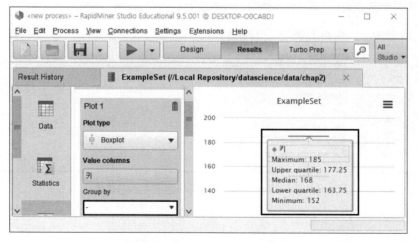

[그림 4-10] 키에 대한 통계량 확인

4.3 막대그래프

막대그래프는 질적변수로 측정한 자료의 도수를 나타낼 때 주로 사용되는 그래프이다. 막대그래프는 항목들의 도수의 비율이 정확히 막대의 높이에 반영되어야 하며 막대 밑면의 길이는 모두 동일해야 한다. 막대를 변형하여 사물 등으로 형상화시켜 줄 수도 있지만, 이 경우 형상화된 사물의 넓이의 비가 도수의 비율과 같이 되도록 그려야 한다.

● chap2 자료의 학년 변수에 대한 막대그래프 그리기

질적변수에 대한 막대그래프를 그리려면 변수형태를 질적변수 형태로 먼저 지정하여야 한다. 질적변수로 지정하지 않는 경우 숫자 자료는 모두 숫자(number)변수로 불려진다.

① chap2를 불러 Data Editor 창에서 학년 변수를 Modify Attributes 메뉴를 이용하여 다항변수(polynominal)로 지정한 후 저장한다.

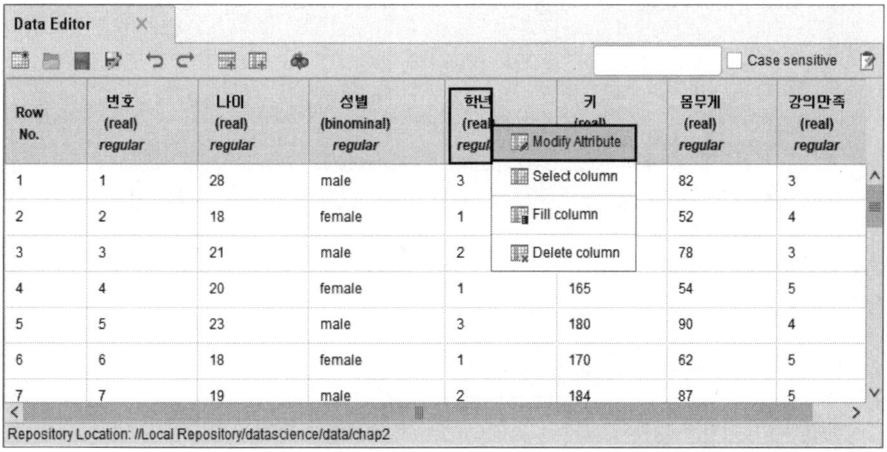

[그림 4-11] 다항변수(polynomial) 지정하기

② 수정하여 저장된 chap2를 더블클릭하여 가져온 후 Statistics를 클릭한다.

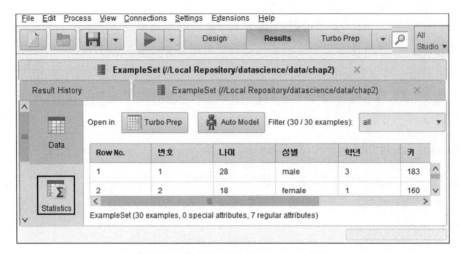

[그림 4-12] 자료 확인 후 Statistics 클릭

③ Statistics에서 학년을 선택한 후 Open visualizations를 클릭한다.

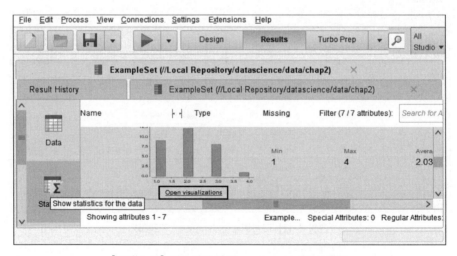

[그림 4-13] 변수선택 및 Open visualizations 클릭

④ 아래와 같은 막대그래프를 확인할 수 있다.

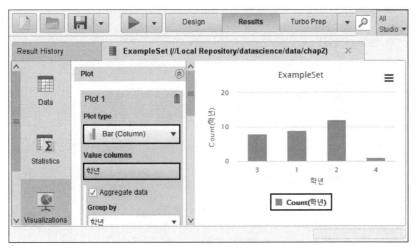

[그림 4-14] 결과 확인

⑤ ③에서 학년 대신에 성별을 선택하면 성별변수에 대한 막대그래프를 확인할 수 있다.

4.4 히스토그램

4.3절에서는 변수가 질적변수인 경우에 사용되는 막대그래프에 대해 알아보았는데 이와 유사한 그래프가 히스토그램이다. 히스토그램은 비율 혹은 구간 척도로 측정된 자료들의 흩어진 모양인 분포를 알아보는데 사용되는 그래프이다. 막대그래프에서는 막대의 폭이 일정해야 의미가 있으며 가로축에는 아무런 눈금이 없지만, 히스토그램은 항상 등분한 눈금이나 가로축 구간의 값이 정확히 표시되어야 한다. 막대그래프는 막대가 붙든지 떨어져도 상관이 없지만 히스토그램은 막대가 떨어져 있으면 두 막대 사이에 해당하는 값에 대한 구간의 도수가 0임을 의미하며 높이는 막대그래프와 같이 도수를 정확히 반영하여야 한다. 우리들의 시각이 면적에 민감하게 반응하므로 막대그래프와 마찬가지로 기둥의 폭을 일정하게 해주는 것이 바람직하다. 히스토그램에서 막대의 수는 밑변의 폭을 얼마로 하느냐에 따라 달라짐을 알 수 있다. 구간의 폭은 구간의 개수와 관계가 있음을 알 수 있다.

● chap2 자료의 키 변수에 대한 히스토그램 그리기

① 저장된 자료 chap2를 더블클릭한 후 Statistics를 클릭한다.

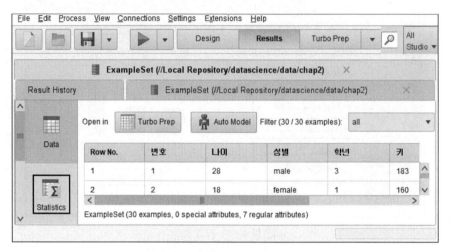

[그림 4-15] 자료 불러오기

② Statistics를 클릭 → 키 변수를 선택 → Open visualizations를 클릭

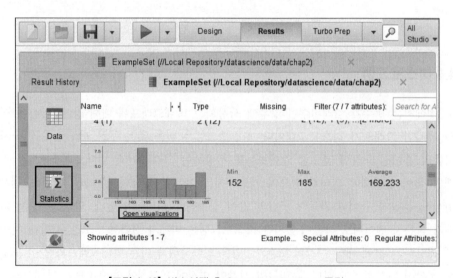

[그림 4-16] 변수선택 후 Open visualizations 클릭

③ 키 변수에 대한 히스토그램이 그려짐을 확인할 수 있다. 히스토그램의 기둥의 개수 (Number of Bins)를 적당히 조절함으로써 다른 형태의 히스토그램을 그릴 수 있다.

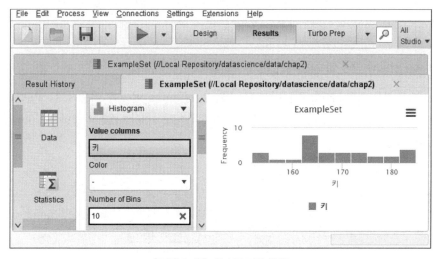

[그림 4-17] 히스토그램 확인

④ General의 화살표 클릭을 통해 나타난 화면에서 Invert chart를 체크하면 수평 히스토그램이 그려짐을 알 수 있다.

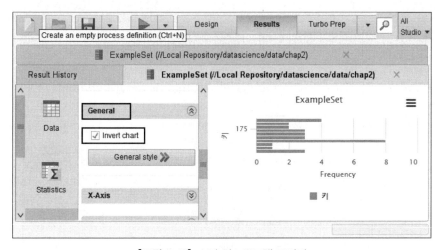

[그림 4-18] 수평 히스토그램 그리기

4.5 원그래프

원그래프는 주로 명목척도로 측정된 자료의 비율 혹은 상대도수를 나타내는 데 주로 사용되는 그래프로 파이차트라고도 불린다.

● chap2 자료의 학년 변수에 대한 원그래프 그리기

① chap2 자료 Editor 창에 불러서 Modify Attributes 메뉴를 이용하여 성별변수를 이항변수(binominal)로 학년 변수를 다항변수(polynomial)로 지정한 후 chap2로 다시 저장한다.

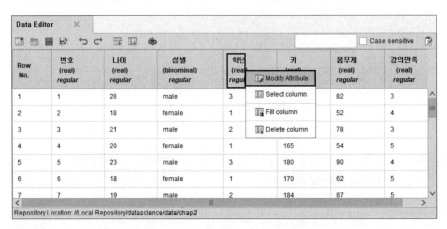

[그림 4-19] 이항변수와 다항변수 지정

② 저장되어 있는 자료 chap2를 더블클릭한 후 Statistics를 클릭한다.

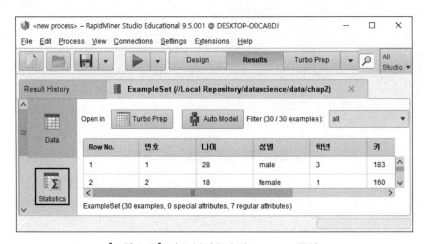

[그림 4-20] 자료 불러오기 및 Statistics 클릭

③ 학년을 선택한 후 Open visualizations를 클릭한다.

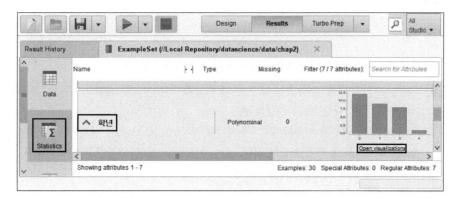

[그림 4-21] 학년 변수 선택 후 Open visualizations 클릭

④ Plot type을 Pie로 변경하면 아래와 같은 원그래프가 그려진다.

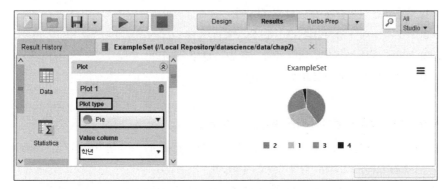

[그림 4-22] Plot type을 Pie로 변경

⑤ 마우스를 원그래프에 두면 해당 학년의 도수를 확인할 수 있다.

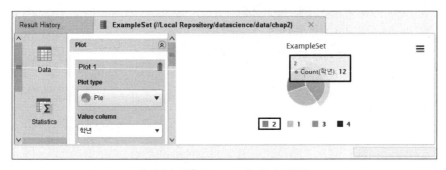

[그림 4-23] Plot type을 Pie로 변경

연습문제

1. 엑셀 형태로 저장된 chap2.xlsx를 이용하여 다음 물음을 해결하라.

   1) Read Excel 오퍼레이터를 이용하여 C:\에 저장된 자료(chap2.xlsx)를 불러라(단, 성별: 이항변수, 학년: 다항변수로 지정하라).

   2) Import data 메뉴를 이용하여 C:\에 저장된 자료(chap2.xlsx)를 불러 래피드마이너의 datascience\data 방에 저장하라(단, 성별: 이항변수, 학년: 다항변수로 지정하라).

   3) 학년 변수에 대한 도수분포표를 구하라.

   4) 학년 변수에 대한 원그래프를 그려라.

   5) 학년 변수에 대한 막대그래프를 그려라.

2. 엑셀 형태로 저장된 chap2.xlsx를 이용하여 다음 물음을 해결하라.

   1) 키에 대한 중앙값과 Q_1, Q_3을 구하라.

   2) 몸무게에 대한 중앙값과 Q_1, Q_3을 구하라.

   3) 성별에 따른 몸무게에 대한 중앙값과 Q_1, Q_3을 구하라.

   4) 몸무게에 대한 히스토그램을 그려라.

3. income 자료를 이용하여 다음 물음을 해결하라.

   1) C:\에 저장된 자료(income.txt)를 불러라(단, gender: 이항변수로, city, religion, educatn, occupatn: 다항변수로 지정하라).

   2) Import data 메뉴를 이용하여 C:\에 저장된 자료(income.xlsx)를 불러 레피드마이너의 datascience\data 방에 저장하라(단, gender: 이항변수로, city, religion, educatn, occupatn: 다항변수로 지정하라).

   3) city 변수에 대한 도수분포표를 구하라.

   4) city 변수에 대한 원그래프를 그려라.

   5) city 변수에 대한 막대그래프를 그려라.

   6) religion 변수에 대한 도수분포표를 구하라.

4. 엑셀 형태로 저장된 income.xlsx를 이용하여 다음 물음을 해결하라.

1) age 변수에 대한 중앙값과 Q_1, Q_3을 구하라.

2) income 변수에 대한 중앙값과 Q_1, Q_3을 구하라.

3) gender에 따른 age 변수에 대한 상자그림을 그리고 중앙값과 Q_1, Q_3을 구하라.

4) gender에 따른 income 변수에 대한 상자그림을 그리고 중앙값과 Q_1, Q_3을 구하라.

5) income 변수에 대한 히스토그램을 그려라.

6) age 변수에 대한 히스토그램을 그려라.

| 프로젝트코너 |

1. 프로젝트자료를 이용하여 다음 물음을 해결하라.

1) Import Data 메뉴를 이용하여 저장된 자료(project_data.xlsx)를 불러 project 라는 자료명으로 저장하라(단, gender: binominal ; food, phone, blood_type: polynominal).

2) gender 변수에 대한 도수분포표를 그려라.

3) food 변수에 대한 도수분포표를 그려라.

4) blood_type 변수에 대한 원그래프를 그려라.

5) phone 변수에 대한 원그래프를 그려라.

6) gender 변수와 blood_type에 대한 막대그래프를 그려라.

2. 프로젝트자료를 이용하여 다음 물음을 해결하라.

1) weight와 height 및 foot_length에 대한 중앙값과 Q_1, Q_3을 구하라.

2) weight에 대한 히스토그램을 그려라.

3) gender에 따른 weight 변수에 대한 상자그림을 그리고 중앙값과 Q_1, Q_3을 구하라.

4) gender에 따른 height 변수에 대한 상자그림을 그리고 중앙값과 Q_1, Q_3을 구하라.

05

CHAPTER

데이터시각화 II

데이터시각화 II

| 학습목표 |

- 질적변수들의 도수분포표 만드는 방법을 배운다.
- 질적변수들에 따라 양적변수의 요약표를 만드는 방법을 배운다.
- 양적변수들의 히스토그램과 산점도를 그리는 방법을 배운다.
- 상관계수에 대해 배운다.

5.1 도수분포표

이 절에서는 래피드마이너의 Turbo Prep와 그 안에 있는 PIVOT을 이용하여 도수분포표를 만드는 방법을 살펴본다. 예제로 사용한 지방간자료는 모병원의 건강검진센터에서 검진을 받은 수검자들을 대상으로 지방간과 관계있는 변인을 찾기 위해 지방간 유무와 여러 변수를 조사한 자료의 일부이다. 지방간자료는 497개의 사례와 8개의 변수로 이루어져 있고 [표 5-1]에 변수에 대한 설명이 있다. 성별과 지방간유무는 질적변수이고 나머지 6개의 변수는 양적변수이다.

[표 5-1] 지방간자료 설명(사례수: 497)

변수이름	설명	변수 형태	역할
간기능_GOT	간기능(GOT=AST) 검사수치	real	regular
간기능_GPT	간기능(GPT=ALT) 검사수치	real	regular
당뇨	당뇨(포도당) 검사수치	real	regular
성별	1=남, 2=여	binominal	regular
중성지방	중성지방 검사수치	real	regular
지방간유무	0=없음, 1=있음	binominal	regular
체질량지수	BMI = 몸무게(kg) / [키(m)]^2	real	regular
혈색소	혈색소(헤모글로빈) 검사수치	real	regular

5.1.1 1차원 도수분포표

여기서는 질적변수인 지방간유무에 대한 도수분포표를 만든다.

① [그림 5-1]은 Turbo Prep의 초기화면이다.

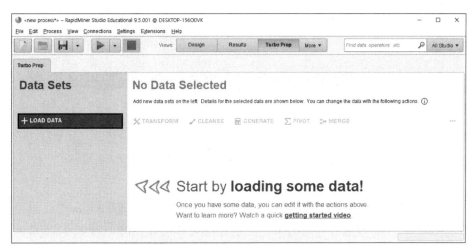

[그림 5-1] Turbo Prep 초기화면

② 화면 왼쪽에 있는 +LOAD DATA 를 클릭하여 [그림 5-2]와 같이 지방간자료를 선택하여 불러온다.

[그림 5-2] Turbo Prep에서 데이터 불러오기

③ [그림 5-3]은 불러온 지방간자료이다.

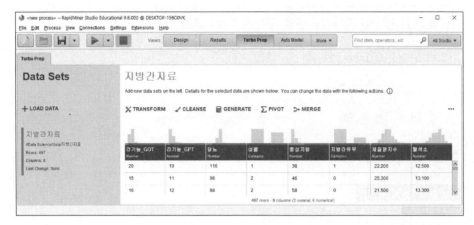

[그림 5-3] Turbo Prep에서 불러온 지방간자료

④ 변수를 선택하고 오른쪽 마우스를 클릭하여 뜨는 팝업 메뉴에서 Show Details를
선택하면 도수분포표가 만들어진다. [그림 5-4]에서는 지방간유무를 선택하였다.

[그림 5-4] 1차원 도수분포표 만들기

⑤ [그림 5-5]는 실행 결과로 막대그래프와 함께 도수분포표가 만들어진다. 지방간유무의 분포를 보면 497개의 사례 중 없음(0)이 353개로 71.03%이고 있음(1)이 144개로 28.97%로 지방간자료 중에서는 지방간이 없는 경우가 많다.

[그림 5-5] 실행결과 – 막대그래프와 도수분포표

5.1.2 2차원 도수분포표

여기서는 지방간자료에서 [표 5-2]와 같이 행 변수인 지방간유무와 열 변수인 성별의 2차원 도수분포표 만드는 과정을 설명한다.

[표 5-2] 성별과 지방간유무의 2차원 도수분포표

지방간유무	성별_1(남)	성별_2(여)
0	180	173
1	103	41

① [그림 5-6]과 같이 PIVOT을 선택하여 피봇테이블을 만들기 위해 준비한다.

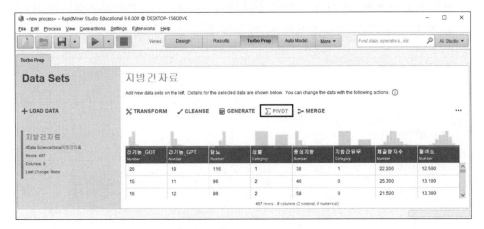

[그림 5-6] PIVOT 시작하기

② [그림 5-7]은 피봇테이블을 만드는 초기화면이다.

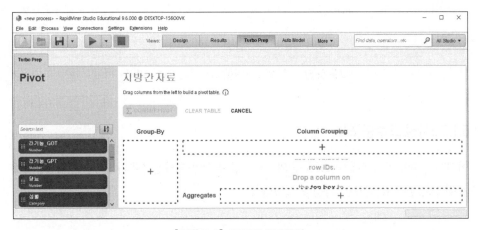

[그림 5-7] PIVOT 초기화면

③ [그림 5-8]과 같이 Group-By에 행 변수인 지방간유무를 끌어다 넣고 Column Grouping에 열 변수인 성별을 넣는다. Aggregates에는 성별(또는 지방간유무)을 넣는다.

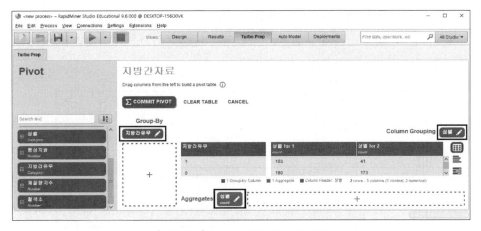

[그림 5-8] 행 변수와 열 변수의 지정

④ 요약표에서 지방간유무와 성별을 오름차순으로 바꾸기 위해 [그림 5-9]와 같이 피봇테이블에서 변수를 선택하고 오른쪽 마우스를 눌러 나오는 메뉴에서 Sort View(Ascending)과 AscendingOrder를 선택한다. 행 변수의 순서는 테이블이 완성된 뒤에도 바꿀 수 있다.

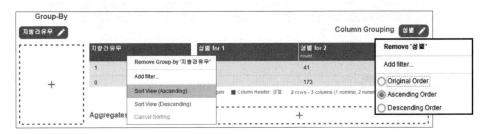

[그림 5-9] 행 변수와 열 변수의 정렬

⑤ COMMIT PIVOT을 눌러 실행하면 [그림 5-10]과 같이 완성된 2차원 도수분포표를 얻을 수 있다.

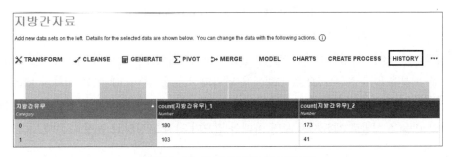

[그림 5-10] 완성된 2차원 도수분포표

⑥ 원래의 지방간자료로 돌아가기 위해서는 [그림 5-10]의 History를 누르면 나오는 [그림 5-11]에서 앞에서 실행한 내용(여기서는 PIVOT)을 선택하고 Roll back before this step을 누른다.

[그림 5-11] History에서 작업한 것을 취소하여 원래의 데이터로 복원

⑦ 단계 ③에서 [그림 5-12]와 같이 피봇테이블에 표현하는 통계량을 빈도에서 백분율로 바꿀 수 있다.

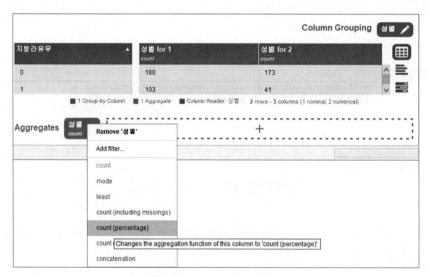

[그림 5-12] 빈도를 백분율로 바꾸기

⑧ [그림 5-13]은 완성된 2차원 열백분율표이다. 열백분율은 각 열의 합이 100이 되도록 백분율을 구하는 것으로 그림에서 남자의 백분율 합이 100이고 여자의 백분율 합도 100이 된다. [그림 5-10]의 도수분포표에서 지방간유무의 값이 1(지방간 있음)인 비율을 성별로 계산하여 보면 아래와 같으며 남자가 상당히 높게 나온다.

남자(성별=1)인 경우 103/(180+103)×100=36.396%

여자(성별=2)인 경우 41/(173+41)×100=19.159%

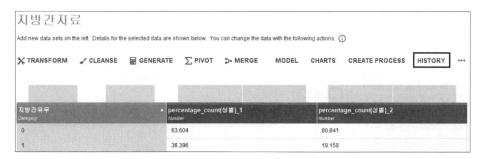

[그림 5-13] 완성된 2차원 열백분율표

5.2 요약통계량

이 절에서는 래피드마이너의 Turbo Prep에 있는 PIVOT을 이용하여 요약통계량을 구하는 방법을 지방간자료를 사용하여 살펴본다.

5.2.1 1차원 요약표

여기서는 질적변수인 지방간유무에 따른 양적변수인 체질량지수의 통계량을 구한다.

① PIVOT을 눌러서 나오는 창에서 [그림 5-14]와 같이 Group-By에 행 변수인 지방간유무를 끌어다 넣고 Aggregates에는 체질량지수를 넣는다. 요약표에는 체질량지수의 평균이 계산되며 합 등의 다른 통계량을 원할 때에는 체질량지수를 선택하고 왼쪽 마우스를 눌러 나오는 메뉴에서 통계량을 선택한다.

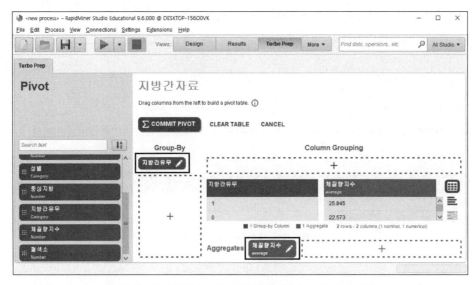

[그림 5-14] 지방간유무에 따른 체질량지수 요약표 만들기

② COMMIT PIVOT을 눌러 실행하면 [그림 5-15]와 같이 완성된 1차원 요약표를 얻을 수 있다. 표를 보면 지방간이 있는 경우(지방간유무=1)에 체질량지수의 평균이 높음을 알 수 있으며, 체질량지수가 높을수록 지방간이 있을 가능성이 높다는 것을 짐작할 수 있다. [그림 5-15]는 지방간유무를 눌러서 나오는 메뉴로 정렬한 결과이다.

[그림 5-15] 지방간에 따른 체질량지수의 요약표(평균값)

5.2.2 2차원 요약표

여기서는 질적변수인 성별과 지방간유무에 따라 양적변수인 체질량지수의 통계량을 구한다.

① PIVOT을 눌러서 나오는 창에서 [그림 5-16]과 같이 Group-By에 행 변수인 성별을 끌어다 넣고 Column Grouping에 열 변수인 지방간유무를 넣고 순서를 오름차순으로 바꾼다. Aggregate에는 체질량지수를 넣으면 요약표에는 체질량지수의 평균이 계산된다.

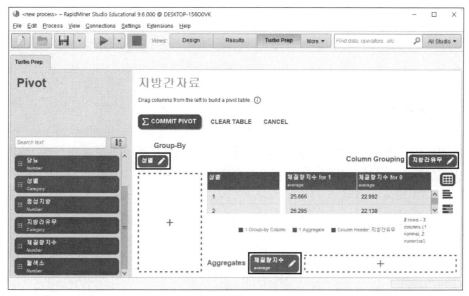

[그림 5-16] 성별과 지방간유무에 따른 체질량지수의 요약표 만들기

② COMMIT PIVOT을 눌러 실행하면 [그림 5-17]과 같이 완성된 2차원 요약표를 얻을 수 있다. 표를 보면, 지방간유무에 따라 체질량지수는 차이가 크지만 성별에 따라서는 큰 차이를 보이지 않는다.

[그림 5-17] 성별과 지방간유무에 따른 체질량지수의 요약표(평균값)

5.3 히스토그램과 산점도

이 절에서는 래피드마이너의 Turbo Prep에 있는 CHARTS를 이용하여 히스토그램과 산점도와 같이 자료를 시각화하는 방법에 대해서 지방간자료를 사용하여 살펴본다.

5.3.1 히스토그램

여기서는 체질량지수에 대한 히스토그램을 그리고 성별에 따라 살펴본다.

① [그림 5-18]과 같이 Turbo Prep를 이용하여 지방간자료가 열린 창에서 CHARTS 를 선택하여 그림을 그리기 위한 준비를 한다.

[그림 5-18] 그림 그리기 위해 CHARTS 열기

② [그림 5-19]와 같이 Plot type을 Histogram으로 하고 Value columns를 체질량
지수로 하면 히스토그램이 그려진다. 히스토그램을 보면 체질량지수는 좌우대칭에
가까우며 오른쪽으로 꼬리가 긴 분포를 가짐을 알 수 있다.

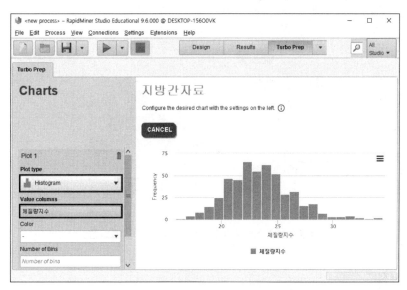

[그림 5-19] 체질량지수에 대한 히스토그램

③ [그림 5-20]과 같이 Color에 성별을 지정하면 성별에 따른 체질량지수의 히스토그
램이 그려진다. 그림을 보면, 성별이 남자(1)인 경우에 체질량지수의 분포가 여자(2)
보다 오른쪽으로 큰 값을 가짐을 알 수 있다. 히스토그램 밑의 주석(■ 1   ■ 2) 부분
에 있는 1 또는 2에 마우스를 갖다놓으면 남자 또는 여자에 대한 히스토그램을 따
로 볼 수 있다.

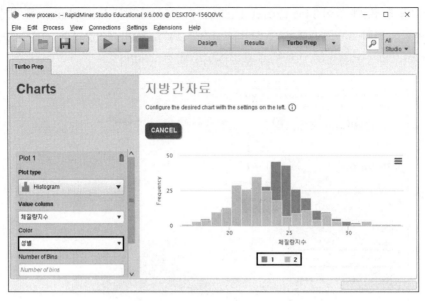

[그림 5-20] 성별에 따른 체질량지수의 히스토그램

5.3.2 산점도

여기서는 간기능_GOT와 간기능_GPT의 산점도(scatter plot)를 그리고 지방간유무와
의 관계를 살펴본다.

① X축을 간기능_GOT로 하고 Y축을 간기능_GPT로 하는 산점도를 그리기 위해 지방
간자료의 Visualizations에서 [그림 5-21]과 같이 Color에 있는 변수를 제거하고,
Plot type을 Scatter, X-Axis column을 간기능_GOT, Value Column을 간기
능_GPT로 한다. X-Axis column이 X축, Value Column이 Y축에 해당된다.

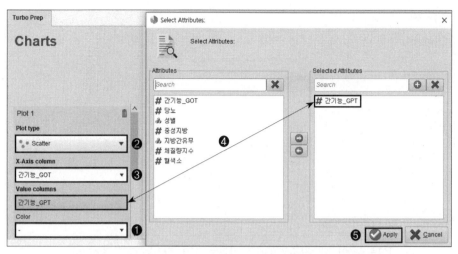

[그림 5-21] (간기능_GOT, 간기능_GPT)에 대한 Scatter 변수 지정

② Apply를 누르면 [그림 5-22]와 같이 X축이 간기능_GOT이고 Y축이 간기능_GPT
인 산점도가 그려진다. 간기능_GOT가 커짐에 따라 간기능_GPT가 커지는 것을 볼
수 있으며 극단적으로 큰 값들이 보인다.

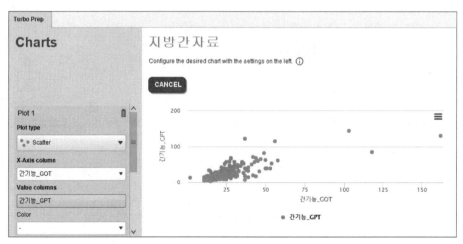

[그림 5-22] (간기능_GOT, 간기능_GPT)에 대한 산점도

③ 간기능_GOT와 간기능_GPT를 지방간유무와 함께 살펴보기 위해 [그림 5-23]과 같
이 Color를 지방간유무로 지정한다. 산점도를 보면, 특히 간기능_GPT가 큰 경우에
지방간유무가 1인 경우가 많음을 볼 수 있다.

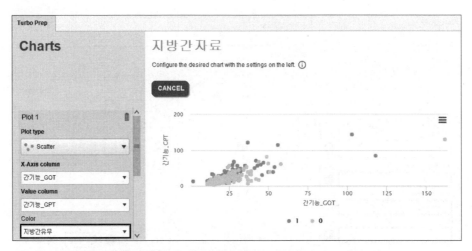

[그림 5-23] 지방간유무에 따른 (간기능_GOT, 간기능_GPT)의 산점도

④ 래피드마이너에서 그린 그림은 [그림 5-24]와 같이 외부로 내보내기 할 수 있다. 파일 형식은 SVG, PDF, PNG, JPEG가 있다.

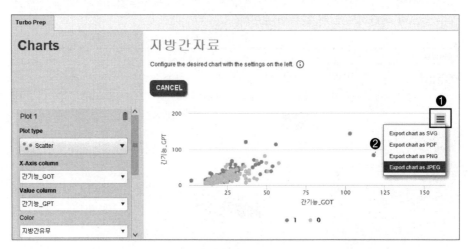

[그림 5-24] 그림을 외부로 내보내기

5.4 상관분석

5.4.1 상관분석의 개요

상관분석은 두 양적변수 사이의 연관성에 대해 분석하는 것으로 상관계수를 구하여 분석하는 것이 일반적이다. 상관계수에는 여러 종류가 있지만 이 절에서는 가장 많이 사용되고 있는 피어슨(Pearson) 상관계수에 대하여 설명하고자 한다. 여기서는 피어슨 상관계수를 줄여서 상관계수라고 부르겠다. 상관계수는 두 변수 사이의 직선적인 연관성을 나타내는 것으로 -1과 1 사이의 값을 가지며, 1에 가까울수록 양의 관계가 강하고 -1에 가까울수록 음의 관계가 강하며 0 근처에 있으면 상관관계가 없거나 약하다고 할 수 있다. 자료들이 직선 근처에 몰려있는 경우에 상관계수가 1 또는 -1에 가까운 값을 갖는다. [그림 5-25]는 산점도에 따른 상관계수를 보여주는 그림이다.

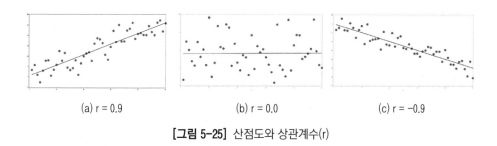

(a) r = 0.9   (b) r = 0.0   (c) r = -0.9

[그림 5-25] 산점도와 상관계수(r)

5.4.2 상관분석 실습

여기서는 지방간자료에서 양적변수들에 대해 상관계수를 구하는 법을 래피드마이너로 실습한다.

① [그림 5-26]과 같이 지방간자료를 가져오고 오퍼레이터 창에 있는 Correlation Matrix를 프로세스 창에 넣고 파라미터 창에서 attribute filter type을 value_type으로 하고 value_type은 numeric으로 하는데, 양적변수에 대해서만 상관계수를 구하기 위함이다. Correlation Matrix의 exa와 mat를 각각 res에 연결한다.

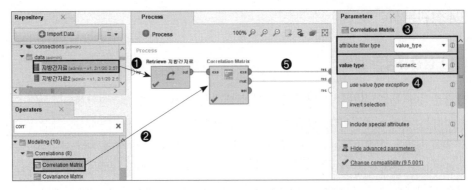

[그림 5-26] 상관행렬 구하는 프로세스 작성

② [그림 5-27]과 같이 Results 창에서 Correlation Matrix 탭을 선택하면 상관행렬
을 볼 수 있다. 상관행렬은 행 변수와 열 변수에 따른 상관계수를 행렬 형태로 보여
주며 행 변수와 열 변수를 바꾸더라도 상관계수는 같기 때문에 대칭행렬이 된다. 대
각선의 값은 자기 자신과의 상관계수이기 때문에 항상 1이다. 상관행렬을 보면 상관
계수의 절댓값이 클수록 색깔이 진하게 처리가 되어 있다. 지방간자료에서는 간기
능_GOT와 간기능_GPT의 상관계수가 0.780으로 가장 크다.

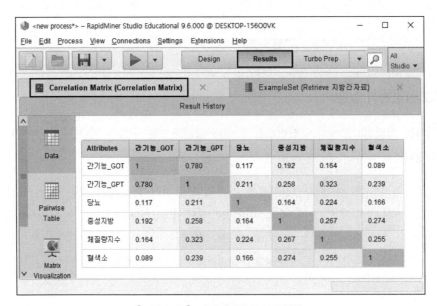

[그림 5-27] 지방간자료의 상관행렬

③ [그림 5-28]은 Matrix Visualization 탭을 눌러 나오는 상관행렬도이며 상관계수의 크기를 색깔로 표시한 것이다. 빨간색은 양의 상관관계, 파란색은 음의 상관관계를 나타내며 진할수록 관계가 깊다.

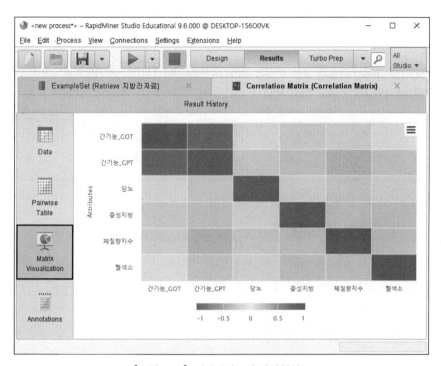

[그림 5-28] 지방간자료의 상관행렬도

오퍼레이터 설명

● Correlation Matrix: 상관분석을 위한 오퍼레이터

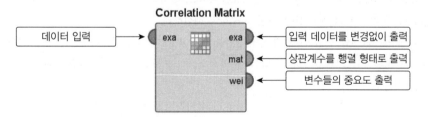

[그림 5-29] Correlation Matrix 오퍼레이터 설명

연습문제

1. 지방간자료에서 성별에 따른 체질량지수의 평균을 구하고 비교하라.

2. 지방간자료에서 다음과 같은 성별과 지방간유무에 따른 간기능_GPT의 평균으로 이루어진 2차원 요약표를 만들고 해석하라.

성별	지방간 없음	지방간 있음
1	간기능_GPT의 평균	
2		

3. 지방간자료에서 지방간유무에 따른 체질량지수의 히스토그램을 그리고 해석하라.

4. 지방간자료에서 다음의 산점도를 그리고 해석하라.
   1) (체질량지수, 혈색소)의 산점도
   2) 지방간유무에 따른 (체질량지수, 혈색소)의 산점도

| 프로젝트코너 |

프로젝트자료를 이용하여 다음 물음을 해결하라.

1) gender와 food에 대한 2차원 도수분포표를 구하고 해석하라.
2) gender에 따른 foot_length의 평균을 구하고 해석하라.
3) 양적변수들에 대한 산점도행렬과 상관행렬을 구하고 해석하라. 산점도행렬은 산점도들로 이루어진 행렬이고 [그림 5-19]의 Plot type에서 Scatter Matrix를 선택하면 된다.

분석기법

06

선형회귀분석

contents

06 선형회귀분석

| 학습목표 |

- 선형회귀모형의 개념을 배운다.
- 회귀함수 추정 원리에 대해 배운다.
- 래피드마이너를 이용하여 선형회귀분석 실행 방법을 배운다.

6.1 선형회귀모형

선형회귀모형의 기본적인 개념은 설명변수 x와 반응변수 y를 특정 선형함수 관계로 구축하고 이를 추정하여 주어진 x에 대하여 반응변수 y를 예측하는 기법이다.

선형회귀모형에 사용되는 목표변수는 양적 자료값을 갖는 연속형변수로서 전통적인 회귀분석에서 종속변수 혹은 반응변수라 부른다. 설명변수는 독립변수 혹은 예측변수라 부르며 설명변수가 하나인 경우를 단순선형회귀모형, 둘 이상이면 다중선형회귀모형이라 부른다. 예를 들어 광고비가 매출에 미치는 관련성을 분석하고자 한다면 마케팅 관리자는 매출액을 반응변수, 광고비를 설명변수로 지정하여야 연구 목적에 부합하는 선형회귀식을 얻을 것이다. 몇 개의 현실적인 문제에서 선형회귀분석을 적용하는 사례를 살펴보자.

- 책의 쪽수를 알면 책값을 예측할 수 있을까?
- 부모의 키를 알면 자녀의 키를 예측할 수 있을까?
- 마취제 투입량은 마취시간과 어떤 함수적 관계를 갖고 있을까?
- 김해지역 아파트 가격은 방의 수, 욕실 수, 새집 여부, 크기 등의 정보를 알고 있다면 예측이 가능할까?

실제 선형회귀모형은 함수식의 구조가 간편하고 반응변수와 설명변수간의 관계에 대하여 해석이 수월하기 때문에 통계적분석 기법으로 가장 많이 사용되고 있는 도구 중 하나이다.

6.2 선형회귀모형의 종류

6.2.1 단순선형회귀모형

반응변수에 대하여 단 한 개의 설명변수를 사용하여 두 변수 사이의 관계를 선형으로 가정하는 모형을 단순선형회귀모형(simple linear regression)이라 부르고 아래와 같이 표현한다.

$$y = a + bx + e$$

여기서 y는 반응변수, x는 설명변수, e는 오차항, a는 절편 그리고 b는 기울기를 의미하는 것으로 회귀계수(coefficient of regression)라 부른다.

| 예제 6.1 | 쪽수와 책값에 대한 자료가 각각 12개씩 주어져 있다고 하자. |

[표 6-1] 쪽수와 책값

쪽수	가격(천원)	쪽수	가격(천원)
800	40.60	327	12.60
198	7.65	205	18.80
388	14.85	604	14.85
384	8.90	375	11.61
78	5.40	383	26.65
384	8.55	1464	51.30

[표 6-1]의 자료에 대한 산점도와 직선식은 [그림 6-1]과 같이 주어지며 절편과 기울기는 각각 2.59, 0.0341이다.

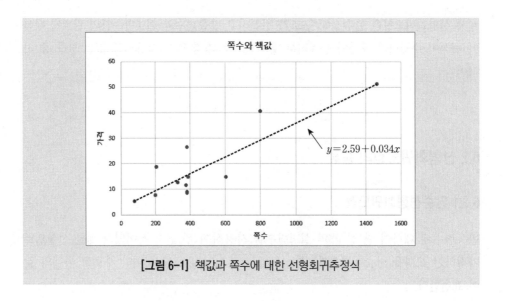

[그림 6-1] 책값과 쪽수에 대한 선형회귀추정식

6.2.2 다중선형회귀모형

다중선형회귀(multiple linear regression)모형은 반응변수에 대하여 2개 이상의 설명변수를 사용하는 모형을 말한다. 즉, 반응변수와 p개 설명변수들($x_1, x_2 \cdots, x_p$)의 관계를 선형식으로 가정하여 아래와 같이 표현할 수 있다.

$$y = a + b_1 x_1 + b_2 x_2 + \cdots + b_p x_p + e$$

y는 반응변수, a는 절편항, e는 오차항, 그리고 $b_j (j = 1, \cdots, p)$는 각각의 설명변수에 대한 회귀계수를 나타낸다.

6.3 회귀계수 추정

단순선형회귀모형을 이용하여 회귀계수 추정방법인 최소제곱법의 개념을 간략히 설명하고자 한다. 단순선형회귀 모형식은 n개의 표본 자료에 대하여 다음과 같이 표기한다.

$$y_i = a + bx_i + e_i, \ i = 1, 2, \cdots, n$$

여기서 y_i는 i번째 반응변수 값, x_i는 i번째 설명변수 값이며 e_i는 i번째 오차항을 나타낸다.

n개의 자료(x_i, y_i)가 주어진 경우, 오차항을 가장 작게 하는 가상의 직선식이 존재한다고 하면 어떻게 구하는 것이 바람직하겠는가? 만약 가상의 직선식을 $\hat{y} = a + bx$로 표현한다면 아래 산점도 [그림 6-2]에서 4개의 직선식 ①, ②, ③, ④ 중 어느 것을 사용하는 것이 오차항(e_i)을 가장 작게 하겠는가?

최소제곱 추정법은 이러한 오차의 제곱합 $S = \sum e_i^2 = \sum (y_i - a - bx_i)^2$을 최소화하는 a, b를 구하는 방법이다. 실제 [그림 6-2]에서 ④번 직선을 사용할 때 S는 최소가된다. 최소제곱 추정치 a, b를 구하는 수리적 방법은 회귀분석 책을 참조하기 바란다.

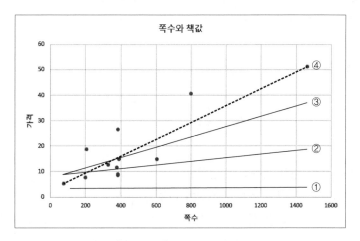

[그림 6-2] 회귀직선 추정

- 회귀추정식: $y = 2.59 + 0.0341x$
- 회귀계수 해석: x가 1단위 증가하면 y는 0.0341만큼 증가한다. 즉, 쪽수가 1쪽 증가하면 가격은 단위가 천원이기 때문에 34원 증가한다.
- 상기 회귀추정식은 x의 범위를 고려하여 해석하는 것이 바람직하다.

6.4 모형평가

1) 결정계수

반응변수 y에 대한 총변동은 다음과 같이 회귀직선에 의해 설명되는 변동(SSR)과 회귀직선에 의해 설명 안 되는 변동(SSE)으로 분해된다.

$$SST = SSR + SSE$$

여기서,

$SST = $ 총제곱합(total sum of squares)
$SSR = $ 회귀제곱합(sum of squares due to regression)
$SSE = $ 오차제곱합(sum of squares due to error)

결정계수 R^2은 아래와 같이 계산된다.

$$R^2 = \frac{SSR}{SST}, \quad 0 \le R^2 \le 1$$

이는 반응변수 y에 대한 총변동을 설명변수가 어느 정도 설명하는지를 나타내는 값으로 0과 1 사이의 값을 갖기 때문에 해석이 아주 용이하다. R^2의 값이 1에 가까울수록 회귀식이 주어진 자료를 잘 설명하는 것으로 해석하며, 0에 가까울수록 설명력이 없다고 할 수 있다. 책값 예제에서 결정계수 값은 $R^2 = 1711.84/2220.18 = 0.77$이며 이는 쪽수가 책값 변동성의 77% 정도 설명한다고 말할 수 있다.

2) 상관계수 및 산점도

단순선형회귀모형에서 결정계수의 제곱근은 피어슨(Pearson) 상관계수의 절댓값과 같으며 다중선형회귀모형에서는 이를 다중상관계수라 부른다.

$$\text{다중상관계수: } r = \sqrt{R^2} = Corr(y, \hat{y}), \quad 0 \le r \le 1$$

다중상관계수가 1에 가까울수록 데이터에 모형적합이 잘되었다고 판단할 수 있으며 0에 가까우면 모형의 적합도가 낮다고 볼 수 있다. 따라서 관측치 y와 예측치 $\hat{y}$의 산점도를 그려서 직선적 경향이 강하면 적합이 잘 되었다고 판단할 수 있다. 책값 예제에서 $r = \sqrt{R^2} = \sqrt{0.77} = 0.88$임을 알 수 있다.

3) 기타

아래 통계량은 래피드마이너에서 제공하는 통계량의 일부로서 기존의 선형회귀분석 통계량과는 다소 계산상 차이가 있을 수 있다.

● 오차제곱평균(squared_error)

오차제곱합을 자료의 수인 n으로 나눈 값으로 그 값이 작으면 작을수록 적합이 잘 되었다고 할 수 있다(SSE/n).

● 오차제곱평균의 제곱근(root_mean_squared_error $= \sqrt{\dfrac{SSE}{n}}$)

오차제곱합의 평균에 대한 제곱근으로 그 값이 작으면 작을수록 적합이 잘 되었다고 할 수 있다. 보통 회귀분석 분산분표의 MSE($= \dfrac{SSE}{n-p-1}$, n=자료수, p=설명변수 개수)의 제곱근인 추정의 표준오차와는 계산상의 차이가 있다.

● 절대오차평균(absolute_error)

각각의 오차에 대하여 절댓값을 취하여 평균한 값을 말한다.

이외에도 래피드마이너는 오퍼레이터 Performance의 파라미터 창의 옵션을 통하여 다양한 통계량을 제공하고 있다([표 6-3] 참조).

6.5 변수선택

선형회귀분석이란 앞에서 언급한 것처럼 반응변수와 관련성이 있는 하나 이상의 설명변수로 반응변수를 예측하거나 변동성을 설명하는 통계적 방법이다. 따라서 주어진 자료에 적절한 모형을 잘 구축하는 것도 중요하지만 설명변수를 어떻게 선택하느냐가 매우 중요한 문제가 된다. 여기에는 중요한 몇 가지 원칙이 있다.

- 반응변수에 영향을 미칠 수 있는 설명변수를 가능한 충분히 포함시킨다.
- 가정된 모형에 포함되는 설명변수가 많아지면 자료를 획득, 분석하고 변수들의 변화를 탐지, 관리하는데 많은 노력과 비용이 요구된다.
- 설명변수의 수가 증가하면 반응변수의 변동성에 대한 설명력은 보통 증가하지만 일반성을 잃을 수도 있다.

위의 원칙은 서로 이율배반적이기 때문에 적절한 타협점이 찾아져야 한다. 따라서 적절한 변수선택 방법을 사용하여 의미가 없는 설명변수는 제거하고 필요한 설명변수로 구성된 최적의 선형회귀모형을 구축하여야 한다. 이때 변수 선택 방법 및 판정 기준을 사용하게 되는데 래피드마이너에서는 몇 가지 선택 방법과 그에 따르는 추가적인 옵션을 제공하고 있다. 또한 다중공선성(multicollinearity)이 심한 변수도 옵션을 사용하여 배제할 수 있다. 변수선택에 대한 자세한 사항은 선형회귀분석 이론 책을 참고하기 바란다.

예제 6.2 **와인 가격 예측 사례**

미국 프린스턴대학교 아센펠터 교수는 과거 30년 동안의 보르도 와인의 가격과 기상 자료 등 수 많은 변수들을 이용하여 최종 아래와 같은 다중선형회귀식을 도출하였다. 일반적으로 와인은 포도 수확 후 오크 통속에서 상당한 기간이 경과 한 다음(길면 수십 년), 소비자에게 출하되는 점을 고려한다면 상당히 의미있는 예측식이라 할 수 있다. 보통 가격은 품질의 제곱근에 비례하는 것으로 알려져 있다.

품질 = 12.145 + 0.0012×전년도겨울강수량 + 0.0614×당해연도평균기온 − 0.0039×수확기강수량

6.6 래피드마이너 실습

래피드마이너에서는 모든 변수를 속성(attribute)이라 부른다. 이들 속성은 역할에 따라 special 혹은 regular attribute로 구분되며 special attribute는 반드시 역할을 지정해 주어야 한다. regular로 사용되는 속성은 지정하는 것이 원칙이지만 지정하지 않아도 자동으로 regular로 처리된다. 따라서 반응변수와 id 변수는 special attribute에 속하기 때문에 속성 역할을 각각 label과 id로 반드시 지정해주어야 한다. id 변수로 2개 이상을 지정하면 마지막에 지정된 변수만 id 변수로 처리된다.

집값 자료를 이용하여 래피드마이너의 Linear Regression을 실습하여 보자. 집값 자료는 [표 6-2]와 같이 총 6개의 변수들(attributes)로 구성되어 있다.

[표 6-2] 집값 자료(파일명: houseprice_100)

변수이름	형태	설명	역할
일련번호	integer	식별번호	id
가격(백만원)	real	주택 가격 (단위: 백만원)	label
방개수	integer	방의 수	regular
욕실수	integer	욕실의 수	regular
새집여부	integer	새집=1, 기타=0	regular
크기(평방미터)	real	전용면적 (단위: m^2)	regular

집값은 방의 수, 욕실 수, 새집여부, 크기 등과 관련성이 있을 것으로 예상할 수 있으며 label로 사용할 반응변수를 가격으로 설정하고 일련번호를 제외한 나머지 4개 설명변수를 regular로 설정하여 선형회귀분석을 실시하여 보자.

6.6.1 데이터 가져오기

데이터 가져오기는 래피드마이너의 저장소에서 갖고 오는 방법과 외부 파일에서 가져오기 두 가지 방법이 있다.

① 래피드마이너에서 가져오기: 저장소 창의 Data Science → Data 폴더를 찾아 자료 파일명 houseprice_100을 클릭하여 프로세스 창으로 끌어다 놓는다(이미 래피드마이너 시스템의 지정된 폴더에 자료를 저장해 놓은 경우).

> **참고**
>
> 외부 저장 공간에서 가져오기: 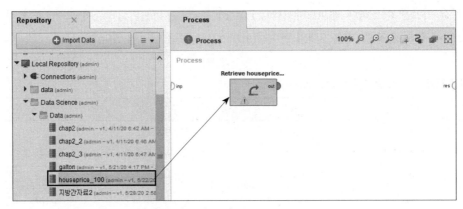 혹은 Read 오퍼레이터를 이용하여 분석에 사용할 자료를 프로세스 창으로 가져 온다. 외부 자료 가져오기는 제2장을 참고하기 바란다.

② 본 분석에서는 [그림 6-3(a)]와 같이 래피드마이너의 초기화면의 저장소 창에서 Data Science → Data 폴더를 찾아 자료파일 houseprice_100을 프로세스 창으로 끌어다 놓는 방법을 선택한다.

[그림 6-3(a)] 집값 자료 가져오기

③ 저장소 창의 Data 폴더에서 houseprice_100을 더블클릭하면 자료 파일이 열리며, [그림 6-3(b)]는 자료의 일부로 6개 변수목록을 확인할 수 있다.

일련번호	가격(백만원)	방개수	욕실수	새집여부	크기(평방미...
1	326.080	4	2	0	190.300
2	170.670	2	1	0	84.700
3	276.920	4	2	0	153.700
4	233	3	2	0	192.100
5	186.280	3	3	0	137.200

[그림 6-3(b)] 집값 자료 확인

④ houseprice_100에서 속성 역할이 아직 지정되어 있지 않다면 Set Role 오퍼레이터를 프로세스 창으로 끌어[그림 6-4(a)]와 houseprice_100와 연결한 다음, 이를 클

릭하여 속성 역할을 지정하여야 한다.

⑤ Set Role 오퍼레이터를 클릭하면 오른쪽에 파라미터 창이 나타난다. 여기서 attribute name과 target role을 이용하여 속성 역할을 지정한다. 속성 역할을 추가적으로 지정하려면 아래쪽 Edit List (0)... 를 클릭하여 Edit Parameter List 창을 연다.

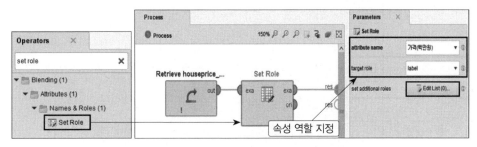

[그림 6-4(a)] 오퍼레이터 Set Role과 Parameter 창

⑥ [그림 6-4(b)]에서 가격(백만원)은 label로 이미 지정되어 있으며 Add Entry를 클릭하여 추가적으로 속성 역할을 지정할 수 있다. 일련번호는 분석에 사용할 속성이 아니고 단지 관측 자료의 구분자이기 때문에 target role을 id로 지정한다. 설명변수로 사용할 속성은 regular로 지정하거나 혹은 특별히 지정하지 않으면 자동으로 regular로 처리된다.

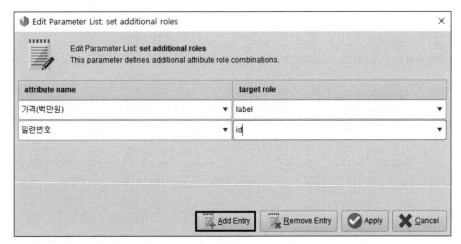

[그림 6-4(b)] Add Entry를 클릭하여 속성 역할 지정 계속

6.6.2 Linear Regression 오퍼레이터

① 화면 왼쪽의 오퍼레이터 창의 찾기 상자에 Linear Regression을 입력하여 [그림 6-5]와 같이 Modeling → Predictive → Functions의 하위 폴더에서 Linear Regression 오퍼레이터를 클릭하여 프로세스 창에 끌어다 놓고 옵션을 지정한다.

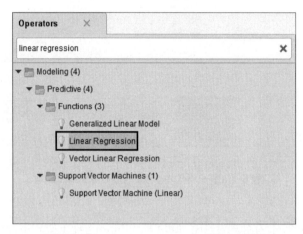

[그림 6-5] Linear Regression 오퍼레이터 찾기

[그림 6-6(a)]처럼 Linear Regression 오퍼레이터를 클릭하여 오른쪽 Parameters 창을 활성화 한 다음, 하단의 Show advanced parameters를 클릭하여 Hide advanced parameters 창으로 바꾸어 준다.

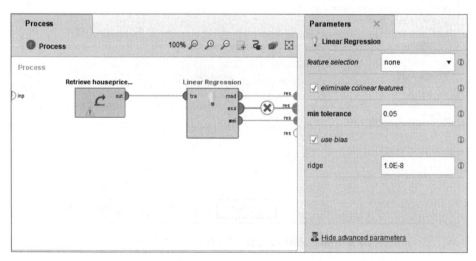

[그림 6-6(a)] Linear Regression 옵션 지정

변수선택 방법을 사용하지 않고 모든 regular 변수를 모형에 포함시키고자 한다면 feature selection의 변수선택을 none으로 지정한다. 물론 변수선택 방법을 사용하고자 한다면 ▼를 클릭하여 변수선택 방법을 지정할 수 있다.

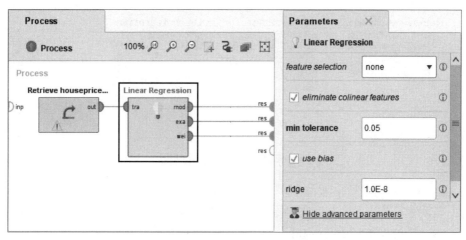

[그림 6-6(b)] Linear Regression 옵션 지정과 출력포트 연결

② 다중공선성이 존재하는 변수를 제거하고 모형을 구축하고자 한다면 [그림 6-6(b)]의 Parameter 창에서 eliminate colinear features의 □에 체크 표시(√)를 한 다음, min tolerance 기준을 지정한다. 디폴트로 0.05가 설정되어 있다. 또한 절편항을 모형에 포함시키고자 한다면 use bias의 □에 체크(√) 한다.

다음으로 옵션 지정이 끝나면 프로세스 창의 오퍼레이터들을 [그림 6-6(b)]와 같이 연결한다. 즉, Retrieve houseprice_100의 출력 포트의 out과 Linear Regression의 입력 포트 tra를 연결하고 Linear Regression의 출력 포트 mod, exa, wei와 res를 연결한다. 물론 Set Role 오퍼레이터를 사용한 경우는 [그림 6-8]과 같이 연결한다.

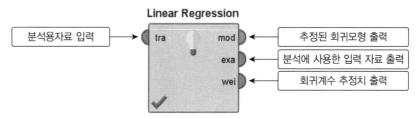

[그림 6-7] Linear Regression 오퍼레이터의 입출력 포트

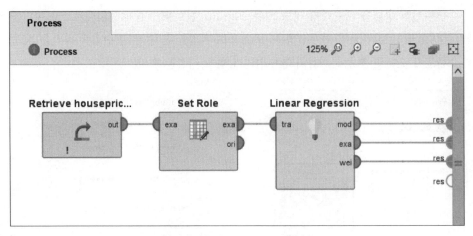

[그림 6-8] Set Role 포함된 경우

③ 프로세스 창의 전체 오퍼레이터들을 실행하기 위하여 초기화면 상단의 실행 아이콘 ▶ ▾을 클릭한다([그림 6-9]).

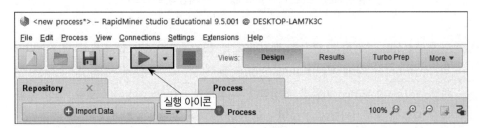

[그림 6-9] 실행 아이콘

④ [그림 6-10(a)]와 같이 4개의 설명변수를 모두 사용한 선형회귀모형에 대한 회귀분석 결과를 얻을 수 있다.

[그림 6-10(a)] 회귀분석 결과 1

첫째 칼럼부터 속성 이름(Attribute), 회귀계수 추정치(Coefficient), 회귀계수 추정치에 대한 표준오차(Std.Error), 표준화 회귀계수(Std.Coeff..), Tolerance, t-통계량, p-값을 차례로 표기하여 준다. 마지막 code 칼럼의 별표는 통계적 유의성의 정도를 나타낸다. 유의확률이 0.005 미만($p < 0.005$)이면 별 4개를 표시하여 준다. Tolerance는 다중공선성을 판정하는 척도로 보통 0.05보다 작으면 다중공선성을 유발하는 것으로 본다. 그런데 래피드마이너(Version 9.5)에서 출력하는 Tolerance 값은 Tolerance를 VIF의 역수로 계산하는 SAS, SPSS 결과와 상당한 차이가 있으며 세심한 주의를 필요로 한다.

⑤ [그림 6-10(a)]에서 화면 왼쪽의 Description을 클릭하면 아래와 같은 회귀함수 추정식을 얻을 수 있다(소수 셋째자리에서 반올림, [그림 6-10(b)]).

$$\hat{y} = -9.56 \times 방개수 + 6.14 \times 욕실수 + 1.48 \times 크기 + 63.57 \times 새집여부 - 33.57 \quad (6.1)$$

식 (6.1)의 회귀계수 추정값이 갖는 의미는 나머지 설명변수들의 값이 고정되어 있다고 할 때 반응변수 y 값의 단위를 고려하여 다음과 같이 해석할 수 있다.

- 방개수: 방개수가 1개 증가하면 집값은 9.56(백만원) 내려간다.
- 욕실수: 욕실수가 1개 증가하면 집값은 6.14(백만원) 증가한다.
- 새집여부: 새집은 기타에 비하여 집값이 63.57(백만원) 증가한다.

- 크기: 크기가 1 평방미터 증가하면 집값은 1.48(백만원) 증가한다.

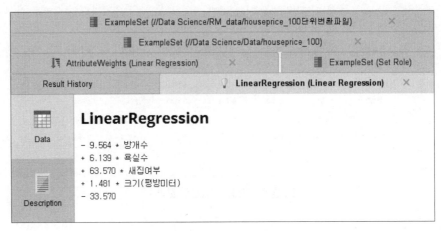

[그림 6-10(b)] 회귀분석 결과 2

⑥ 추정된 선형회귀식을 이용하여 집값을 예측할 수 있다. 예를 들어 방의 수 3, 욕실 수 2, 새집, 크기가 150m^2일 때 집값을 예측하여 보자.

$$집값 = -9.56{\times}3 + 6.14{\times}2 + 63.57{\times}1 + 1.48{\times}150 - 33.57$$
$$= 235.6(백만원)$$

즉, 집 가격은 2억 3,560만원으로 예측할 수 있다.

6.6.3 예측값

선형회귀분석에서 모형평가(Performance)는 반드시 예측값을 필요로 하기 때문에 Apply Model 오퍼레이터를 실행하여 예측값을 산출해야 한다. 예측값은 학습용자료 는 물론 시험용자료에 대하여 구할 수 있지만 본 분석에서는 학습용자료에 대하여 예 측값을 구하여 보자.

① Apply Model 오퍼레이터를 프로세스 창으로 끌어와 [그림 6-11]과 같이 연결한다. Linear Regression의 출력 포트와 Apply Model 입력 포트를 직접 연결해야 한다.

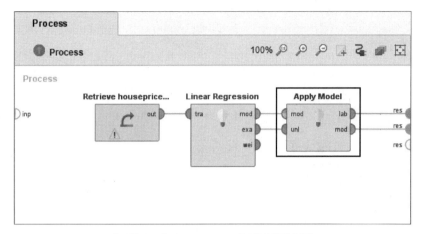

[그림 6-11] Apply Model 오퍼레이터 연결

② [그림 6-9]처럼 실행아이콘을 클릭하면 예측값을 포함한 Example Set (Apply Model)을 Results 뷰로 출력하여 준다. 예측값 prediction(가격(백만원))은 4개의 설명변수 값을 식 (6.1)의 회귀함수 추정식에 넣어 구한 값이다([그림 6-12(a)]). 회귀분석 결과를 Results 뷰로 출력하려면 Apply Model의 출력포트 mod를 res와 연결하여야 한다.

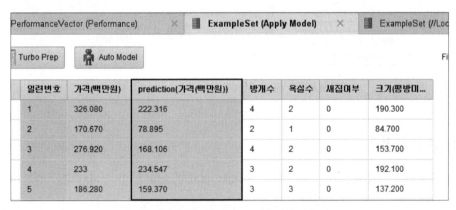

[그림 6-12(a)] Apply Model에 의한 예측값

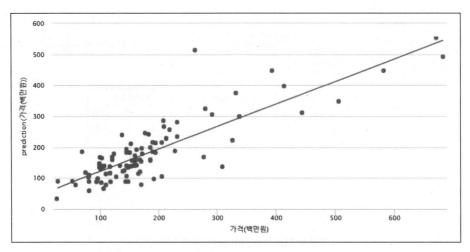

[그림 6-12(b)] 가격에 대한 실제값과 예측값에 대한 산점도

[그림 6-12(b)]는 실제 자료값인 가격과 선형회귀모형에 의한 예측값에 대한 산점도로서 예측의 정확도를 평가하는 시각적 도구로 활용될 수 있다. 자료값이 직선 가까이에 모여 있다면 적합도가 높은 것으로 볼 수 있다.

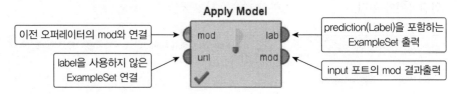

[그림 6-13] Apply Model 오퍼레이터 입출력 포트

6.6.4 모형 평가

모형 평가를 위해서는 Performance 오퍼레이터가 필요하다. 앞 절에서 구한 반응변수의 예측값과 관측값을 이용하여 모형의 성능을 평가하여 보자. 래피드마이너에서는 많은 통계량을 파라미터 창의 옵션으로 제공하고 있지만 본 예제에서는 자주 사용되는 correlation(다중상관계수), root mean squared error, squared correlation(결정계수) 등을 이용하여 보자.

① [그림 6-14]와 같이 오퍼레이터 창의 찾기상자에 Performance를 입력하여 Performance (Regression) 오퍼레이터를 프로세스 창으로 끌어 온다. 이를 클릭하

여 오른쪽 파라미터 창을 활성화 한 다음, 모형의 성능평가에 필요한 통계량을 지정한다. [그림 6-14]의 Apply Model 오퍼레이터의 mod 출력포트는 Performance 오퍼레이터의 "per"에 연결된 것이 아니고 오른쪽 "res"에 직접 연결되어 있음을 주의하라.

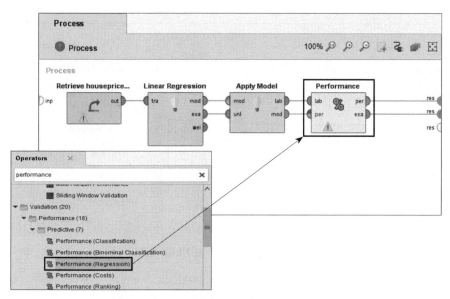

[그림 6-14] Performance 오퍼레이터 가져오기

② 디폴트로 main criterion 목록에 first가 나타나지만 ▼를 클릭하여 적어도 하나 이상의 통계량을 목록에서 지정하거나 혹은 왼쪽 체크박스에 √를 이용하여 지정하여야 한다. 여기서 correlation, root mean squared error, squared correlation 등을 지정하여 결과를 살펴보자([그림 6-15]). 파라미터 창에 지정할 수 있는 통계량은 [표 6-3]을 참고하기 바란다.

[표 6-3] 파라미터 창에 지정할 수 있는 통계량

통계량	설명	비고
root_mean_squared_error	오차제곱평균의 제곱근	$\sqrt{SSE/n}$
absolute_error	절대오차평균	$\sum |\hat{y}_i - y_i|/n$
relative_error	상대오차 평균	
relative_error_lenient	관대한 상대오차 평균	
relative_error_strict	엄격한 상대오차 평균	
normalized_absolute_error	정규화된 절대오차 평균	

root_relative_squared_error	상대오차제곱평균의 제곱근	
squared_error	오차제곱평균	SSE/n
correlation	다중상관계수	결정계수의 제곱근
squared_correlation	결정계수	

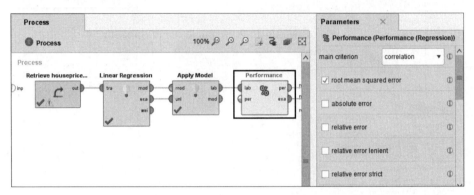

[그림 6-15] Performance 오퍼레이터의 파라미터 창

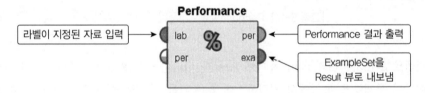

[그림 6-16] Performance 오퍼레이터 입출력 포트

③ 화면 상단의 ▶ 를 클릭하여 프로세스 창의 모든 오퍼레이터를 실행시킨다. [그림 6-17(a)]와 같은 Performance 결과를 얻을 수 있으며 Criterion 목록에 옵션으로 지정한 통계량 목록이 나타난다. correlation을 클릭하여 다중상관계수가 0.851임을 알 수 있다.

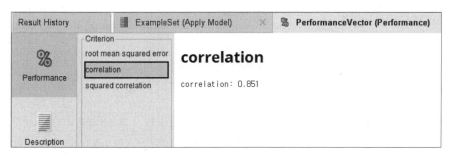

[그림 6-17(a)] Performance 결과 1

④ [그림 6-17(b)]의 왼쪽 Description을 클릭하면 [그림 6-17(a)]의 Criterion 목록의
모든 통계량을 동시에 출력하여 준다. root_mean_squared_error는 61.605이며
squared correlation(결정계수)가 0.725임을 알 수 있다. 즉, 결정계수가 0.725이
기 때문에 4개의 설명변수를 사용한 선형회귀모형의 가격 변동성에 대한 설명력은
72.5%라고 말할 수 있다.

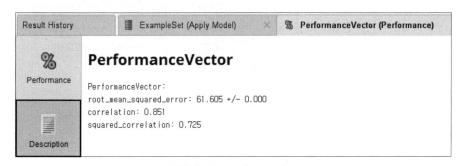

[그림 6-17(b)] Performance 결과 2

⑤ 모형평가 결과와 동시에 [그림 6-10(a)]의 회귀분석 결과를 출력하려면 Apply
Model 오퍼레이터의 출력포트 mod를 res에 직접 연결하여 실행하여야 한다.

● Set Role: 변수들의 역할을 변경하기 위한 오퍼레이터

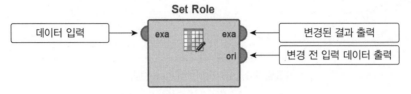

[그림 6-18] Set Role 오퍼레이터 설명

● Linear Regression: 학습용자료를 입력하여 회귀함수를 추정하고 이를 출력포트로 내보낸다.

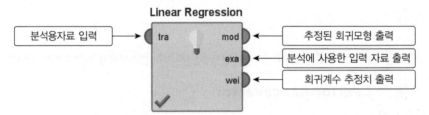

[그림 6-19] Linear Regression 오퍼레이터

● Apply Model: 이전 오퍼레이터의 모형을 적용하여 예측값을 산출한다.

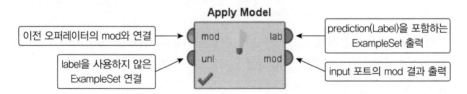

[그림 6-20] Apply Model 오퍼레이터 입출력 포트

input 포트(입력포트)

ⓐ mod: 주로 이전 오퍼레이터의 mod와 연결하며 mod 결과를 Apply Model과 연결한다.

ⓑ unl: label을 사용하지 않는 ExampleSet 혹은 시험용자료와 연결한다. 따라서

unl에 연결되는 자료는 모형을 구축하는데 사용되었던 ExampleSet의 속성들과 개수, 순서, 자료 형태 그리고 역할이 일치하여야 한다. 본 예제에서는 학습용(exa)자료를 그대로 사용한다.

output 포트(출력포트)

ⓐ lab: 새로운 속성 prediction(Label)을 포함하는 ExampleSet을 출력하여 준다.

ⓑ mod: res와 연결된다면 단순히 input 포트의 mod 결과를 출력하여 준다. input 포트의 mod 결과가 회귀분석 결과이기 때문에 이를 출력하려면 반드시 res와 연결하여야 한다.

● Performance: 이전의 Apply Model과 연결하여 구축된 모형의 성능을 평가하여 준다.

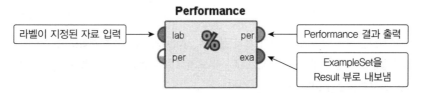

[그림 6-21] Performance 오퍼레이터 입출력 포트

● Select Attributes: 입력된 데이터에서 일부 변수로 구성된 데이터를 만들기 위한 오퍼레이터

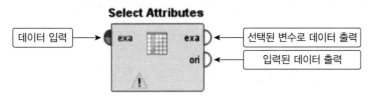

[그림 6-22] Select Attributes 오퍼페이터 입출력 포트

연습문제

1. 예제에서 사용한 집값 자료에 대하여

    1) 실습 회귀함수 추정식 (6.1)에서 나머지 변수값이 고정되어 있다고 할 때 크기가 10평방 미터 증가하면 주택가격은 얼마나 증가하는가?

    2) 새집은 기타 보다 주택가격이 얼마나 오르는가? (나머지 설명변수의 값은 고정되어 있다고 가정)

    3) 설명변수를 속성 역할에서 regular로 지정하지 않으면 어떤 결과를 초래하는가?

    4) 오퍼레이터 Apply Model의 output 포트에서 mod와 res가 연결되지 않으면 어떤 현상이 발생하는가?

2. 아래 자료는 부모의 키와 자녀의 키의 관계를 알아보기 위하여 통계학을 수강하는 학생들에게 설문조사를 통하여 얻은 자료이다. 부모의 키로부터 자녀의 키를 예측하는 선형회귀모형을 구축하고자 한다.

    [표 6-4] 파일명: 부모와 자녀_키

번호	변수명	형태	설명	비고
1	id	integer	일련번호	id
2	father	real	아버지 키(단위: cm)	regular
3	mother	real	어머니 키(단위: cm)	regular
4	son	real	아들 키(단위: cm)	label 1
5	girl	real	딸 키(단위: cm)	label 2

    1) 아버지 키를 이용하여 아들의 키를 예측하는 선형회귀식을 추정하라.

    2) 어머니 키를 이용하여 아들의 키를 예측하는 선형회귀식을 추정하라.

    3) 아버지, 어머니 키를 동시에 이용하여 딸의 키를 예측하는 다중선형회귀식을 추정하라.

    4) 위에서 추정된 모형에 대하여 각각 결정계수를 구하여 선형회귀모형의 설명력을 평가하라.

    > **참고**
    >
    > 상기 각 문항에 필요한 변수들로 새로운 데이터를 작성하기 위하여 [그림 6-22]의 Select Attributes 오퍼레이터를 사용할 수 있음

3. 다음은 특정 업종에 종사하는 근로자들의 월소득에 관하여 조사한 자료이다.

[표 6-5] 월간 소득 자료(자료명: chap6_income2.xlsx)

번호	변수명	형태	설명	비고
1	ID	integer	일련번호	id
2	age	integer	나이(연)	regular
3	educatn	integer	직무연수경력(연)	regular
4	gender	integer	성별(1:남자, 0:여자)	regular
5	income	real	소득(단위: 만원)	label

〈자료 사례(처음 3개)〉

ID	age	educatn	gender	income
1	33	5	1	336
2	35	2	0	304
3	40	2	1	376

1) 소득과 나이의 관계를 나타내는 선형회귀식을 추정하라.

2) 소득과 직무 연수 경력의 관계를 나타내는 선형회귀식을 추정하라.

3) 나이, 직무 연수 경력, 성별을 설명변수로 사용하여 소득을 예측하는 선형회귀식을 추정하여 1), 2)의 회귀계수와 비교하여 보라.

4) 상기 추정된 선형회귀모형 1), 2), 3)에 대하여 각각 결정계수(squared correlation)를 구하여 선형회귀모형의 설명력을 평가하라.

4. 인터넷 웹사이트를 이용하여 선형회귀분석을 적용할 수 있는 자료를 찾아보자. 이를 이용하여 래피드마이너의 일련의 회귀분석 과정을 실습하여 보자.

| 프로젝트코너 |

프로젝트자료(project_data.xlsx)에 대하여 발길이(foot_leng)와 키(height), 몸무게(weight)의 관계를 알아보고자 한다.

1) 발길이를 반응변수(label)로 설정하고 height와 weight를 설명변수(regular)로 지정하여 선형회귀식을 추정하라.
2) 모형 평가 척도인 결정계수를 구하여 모형의 설명력을 평가하라.
3) 자료를 성별로 나누어 각각의 성별에 대하여 1), 2)를 실행하여 보라.

의사결정나무

contents

의사결정나무

| 학습목표 |

- 의사결정나무의 구성에 대해 배운다.
- 의사결정나무를 만드는 원리에 대해 배운다.
- 의사결정나무로부터 분류 또는 예측을 하는 방법을 배운다.

7.1 의사결정나무의 개념

의사결정나무는 '스무고개' 게임과 유사하며 여러 개의 질문을 통해서 관심 있는 반응변수인 라벨의 값을 분류하거나 예측하는 것이다. 신경망이나 판별분석 등과 달리 의사결정나무는 분류 및 예측에 적용되는 규칙을 명확하게 설명할 수 있어 효과적이며 많이 사용되는 데이터마이닝 기법 중 하나다. 의사결정나무에 의한 결과인 규칙은 말로 표현되어 누구나 쉽게 이해할 수 있고 특정한 범주에 들어오는 자료들의 검색이나 추출을 가능하게 한다. 의사결정나무의 규칙은 '조건 A와 조건 B를 만족하면 C이다'와 같이 간단한 형태를 가지며 그림으로 표현할 수 있기 때문에 직관적으로 이해하기 쉽고 활용하기 편한 장점들을 가지고 있다.

규칙 생성과 의사결정나무에 대해 고혈압유무를 분류하기 위한 예를 들어 설명하겠다. 고혈압이 18명이고 정상이 20명으로 전체 38명인 사람들로 이루어진 [그림 7-1]의 예에서 전체는 정상의 개수가 많기 때문에 정상으로 분류된다. 여기에서는 각 그룹은 개수가 많은 범주로 분류한다고 가정한다. 2단계에서 체중이 70 이상인 고혈압 그룹과 70 미만인 정상 그룹으로 분리한다. 3단계에서는 체중이 70 이상인 그룹에 대해서 나이가 65세 이상인 그룹과 65세 미만인 그룹으로 분리하며 체중이 70 미만인 그룹은 더 이상 분리하지 않는다. 최종적으로 체중이 70 이상이고 나이가 65 이상이면 고혈압이 있다는 규칙을 얻을 수 있고, 그 외의 체중이 70 미만이거나 체중이 70 이상이면서 나이가 65 미만이면 정상이라는 규칙을 얻을 수 있다.

[그림 7-2]는 고혈압유무에 대한 규칙을 나무 형태로 표현한 의사결정나무이다. 사람들이 체중과 나이에 따라 분리되는 과정과 그룹에서 각 범주에 속하는 사람들의 수에 따라 분류가 되는 과정을 이해하기 쉽게 표현되어 있다. 전체 38명 중에는 정상이 많기 때문에 정상으로 분류되며 체중에 따라 분류되면 왼쪽 노드인 체중이 70 미만이 그룹은 정상으로 분류되며 체중이 70 이상인 그룹은 고혈압으로 분류된다. 왼쪽 노드의 정상 그룹은 더 이상 분리가 안 일어나고 오른쪽의 고혈압 그룹은 나이에 따라 65 미만이면 정상인 그룹으로 65 이상이면 고혈압인 그룹으로 분리가 일어난다. 관심 있는 사람에 대해 위에 있는 노드로부터 밑으로 조건을 따라가면 도달하는 노드에 따라 고혈압인지 정상인지 분류가 가능하게 된다.

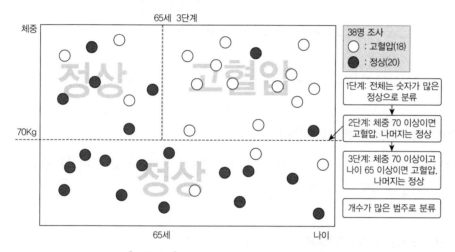

[그림 7-1] 고혈압유무의 분류에 대한 규칙

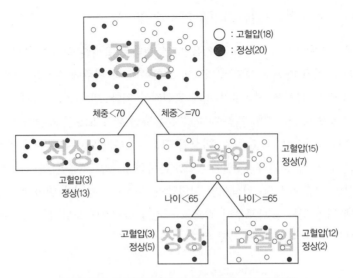

[그림 7-2] 고혈압유무의 분류에 대한 의사결정나무

의사결정나무의 장점을 정리하면 다음과 같다.

● 이해하기 쉬운 규칙을 생성시켜준다.

의사결정나무의 규칙은 간단한 형태를 가지기 때문에 이해하기 쉽다. 이러한 능력은 의사결정나무의 가장 큰 장점이다.

● 규칙 만드는 능력이 뛰어나다.

일반적인으로 통용될 수 있는 규칙을 만드는 분야에서 의사결정나무를 이용하여 규칙을 만드는 것은 효과적이다. 재난 상황에서 경보를 발령하는 기준을 정한다든지 환자의 위중한 상태를 분류하는 기준을 정할 때 사용할 수 있는 규칙을 만들 때 의사결정나무를 활용할 수 있다.

● 분류(예측)작업이 용이하다.

규칙이 만들어지면 자료들을 몇 번의 간단한 비교를 통해서 분류(예측)할 수 있기 때문에 프로그램하기 쉽고 활용하기 쉽다.

● 질적변수과 양적변수를 모두 취급할 수 있다.

의사결정나무는 반응변수와 설명변수에서 질적변수와 양적변수를 모두 사용할 수 있다. 따라서 변수의 형태에 따른 제약이 없다.

● 가장 좋은 설명변수를 명확히 알아낸다.

의사결정나무 알고리즘은 처음에 뿌리노드를 가장 잘 분리해 주는 설명변수를 찾아준다. 이러한 설명변수는 반응변수를 가장 잘 설명하는 변수가 되기도 한다. 의사결정나무의 규칙들을 형성하는 데 사용된 변수들은 회귀분석과 같은 분석에서의 설명변수로 사용될 수 있다.

● 특이값에 덜 민감하다.

의사결정나무는 많은 가정을 필요로 하지 않는 방법이기 때문에 규칙은 설명변수에서의 특이한 값에 영향을 많이 받지 않고 생성된다.

7.2 의사결정나무의 구성

의사결정나무는 래피드마이너에서 [그림 7-3]과 같이 표현된다. 의사결정나무는 노드라고 불리는 구성요소들로 이루어진 나무 모양을 이루고 있으며 [그림 7-3]에 있는 노드들은 그 기능에 따라 아래와 같이 분류할 수 있다.

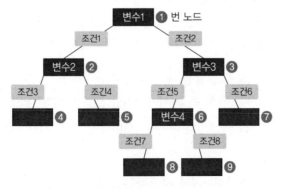

[그림 7-3] 래피드마이너에서의 의사결정나무 형태

- 뿌리노드(root node): 나무구조가 시작되는 처음의 노드로 이 노드로부터 하부의 노드가 갈라진다. 1번이 뿌리노드에 해당한다.
- 자식노드(child node): 하나의 노드로부터 갈라져 나간 노드들을 의미한다. 2번과 3번은 1번 노드의 자식노드이고 4번과 5번은 2번의 자식노드이다.
- 부모노드(parent node): 자식노드의 상위 노드이다. 1번은 2번과 3번의 부모노드이고 3번은 6번과 7번의 부모노드이다.
- 잎노드(leaf node): 각 나무뿌리의 아래 끝에 위치하고 있는 노드를 의미한다. 의사결정나무에서는 끝노드의 개수만큼 분류 규칙이 생성된다고 할 수 있다. 4, 5, 7, 8, 9번이 잎노드에 해당한다.
- 깊이(depth): 뿌리노드에서 끝노드까지의 층을 의미한다. [그림 7-3]에서 전체 나무의 깊이는 4이며 잎노드에 도달할 때까지 질문한 횟수(나누어진 횟수)의 최댓값에 1을 더한 값([그림 7-3]에서 색깔 있는 사각형 층의 수)과 같다. 전혀 나누어지지 않고 뿌리노드만으로 이루어진 나무의 깊이는 1이다. [그림 7-2]에서의 깊이는 3이다.

7.3 의사결정나무의 형성

모형을 만들 때 분류는 반응변수가 질적변수인 경우에 사용하고 예측은 반응변수가 양적변수인 경우로 나누어 사용하기도 하지만 여기서는 모두 예측으로 사용하겠다. 의사결정나무에서 가지분할(split)은 부모노드에 있는 사례(example)가 자식노드로 나누어지는 것이고, 가지치기(pruning)는 생성된 가지를 잘라내어 모형을 단순화하는 것을 의미한다. 가지분할을 할 때에는 특정한 설명변수와 분할 기준에 따라 노드를 분할하며 분할에 사용될 설명변수와 분할기준을 정하는 방법은 반응변수가 질적변수일 때와 양적변수일 때에 따라 다르다. 분할은 정지 기준(stopping criteria)에 도달할 때까지 계속되며 더 이상 분할되지 않는 마지막 노드가 잎노드가 된다.

부모노드로부터 자식노드로 분할될 때의 자식 수는 2개 또는 그 이상이 될 수 있지만 2개인 분리가 일반적이다. 자식 즉 가지가 2개인 분리를 이지분리(binary split)라 하고 3개 이상인 분리를 다지분리(multiway split)라고 한다. 여기서는 이지분리를 기본으로 하겠다.

가지분할을 할 때 래피드마이너에서 사용하는 분리기준은 반응변수가 질적변수인 경우와 양적변수인 경우에 따라 다르다. 반응변수가 질적변수인 경우를 보면 [그림 7-4]

의 (a)와 같이 이질성이 높은 그룹을 적절한 변수와 기준을 사용하여 (b1)과 (b2)와 같이 이질성이 낮은 그룹들로 분리하는 것이다. [그림 7-4]의 (a)와 같이 각 범주의 비율이 모두 같을 때 이질성이 가장 높고 (b2)와 같이 한 범주만으로 이루어진 경우에 이질성이 가장 낮다. 불순도는 이질성과 같은 개념이고 반대 개념이 순수성이다.

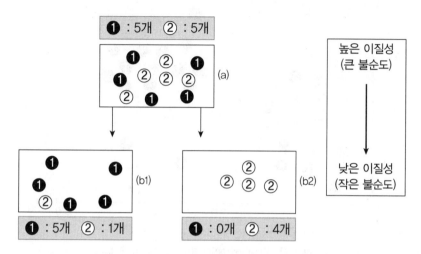

[그림 7-4] 그룹 내의 이질성. (a): 높은 이질성; (b1), (b2): 낮은 이질성

의사결정나무를 형성하는 과정을 예를 들어 설명하겠다. [그림 7-5]와 같이 반응변수는 1과 2로 이루어진 이항변수이고 1은 20개 2는 22개 있으며 설명변수는 $X1$과 $X2$를 고려하고 있다고 하자.

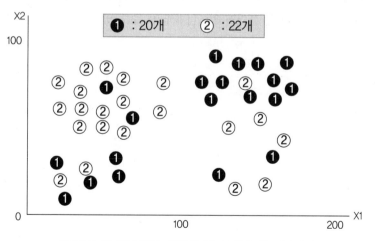

[그림 7-5] 예제 자료: 20개의 1과 22개의 2로 이루어짐

[그림 7-6]은 $X1$이 100보다 큰 그룹(1이 13개, 2가 6개)과 100이하인 그룹(1이 7개, 2가 16개)으로 분리되는 것을 보여준다. 이질성을 나타내는 측도를 이용하여 최적의 변수와 분리 기준값을 정하게 된다.

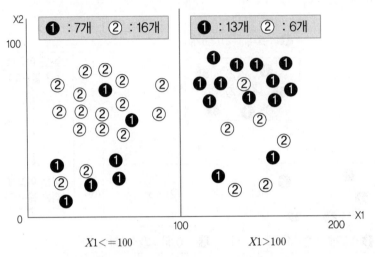

[그림 7-6] $X1$의 값(100)에 따라 두 그룹으로 분리

[그림 7-7]은 $X1 > 100$인 그룹과 $X1 \leq 100$인 그룹 각각에 대해 $X2$의 값에 따라 분리가 일어나는 것을 보여준다. $X1 > 100$인 그룹에서는 $X2$의 값 60에 따라 분리가 되고 있고 $X1 \leq 100$인 그룹에서는 $X2$의 값 40에 따라 분리가 되고 있다. [그림 7-6]에서 [그림 7-7]의 분리가 될 때 사용되는 변수와 분리 기준값은 달라도 된다. 더이상 분리가 무의미할 때에는 분리가 일어나지 않을 수도 있다.

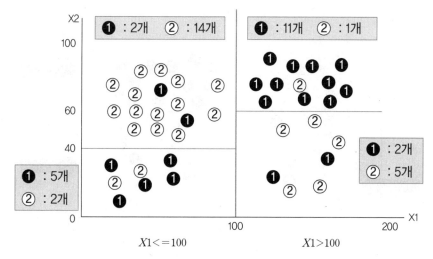

[그림 7-7] $X2$의 값(40, 60)에 따라 두 그룹으로 분리

7.4 의사결정나무의 예측

잎노드까지 분할하여 의사결정나무를 완성하면 각 잎노드에 대해서 그 잎노드에 도달한 사례들에 따라 예측을 하게 된다. 각 잎노드에서의 예측값은 반응변수가 질적변수일 때는 해당 잎노드에 도달한 사례들 중에서 가장 많은 빈도를 가지는 반응변수의 범주, 즉 최빈값이 되며, 양적변수일 때에는 각 잎노드에서의 반응변수의 평균값이 예측값이 된다. 새로운 사례에 대한 예측값은 형성된 나무의 분할 기준을 따라가면서 도달한 잎노드의 예측값으로 정해진다.

의사결정나무에서 예측하는 과정을 [그림 7-7]의 예를 들어 설명하겠다. [그림 7-8]은 양적변수인 $X1$과 $X2$에 따라 나누어진 영역(잎노드)과 각 영역에서의 예측값을 보여주고 있다. 예측값은 1과 2 중에서 많은 빈도를 가지는 범주로 정한다.

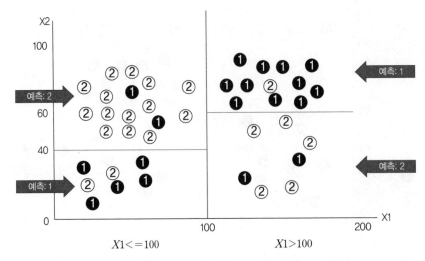

[그림 7-8] 이항변수에 대해 형성된 나무의 영역 및 예측값

[그림 7-9]는 [그림 7-5]의 자료에서 [그림 7-8]의 예측까지를 의사결정나무로 표현한 그림으로 전 과정을 쉽게 파악할 수 있다. 뿌리마디의 구성과 분리가 일어날 때 사용되는 변수와 분리 기준값을 보여주며 잎노드에서의 예측값도 알 수 있다. 형성된 의사결정나무의 깊이는 3이고 잎노드는 4개이다.

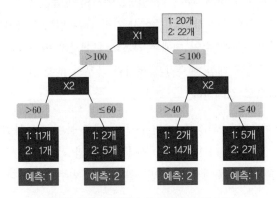

[그림 7-9] 이항변수에 대해 형성된 나무

반응변수가 양적변수인 경우의 예측값은 잎노드에서의 반응변수의 평균으로 정해진다. [그림 7-10]은 양적변수인 집 가격이 반응변수(라벨)이고 집의 면적이 설명변수인 경우의 의사결정나무를 보여 주는 그림으로 집 가격에 대한 예측값은 각 그룹에서의 집 가격의 평균으로 정해진다.

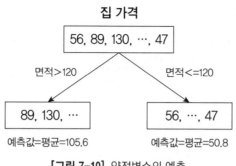

집 가격

56, 89, 130, ⋯, 47

면적>120   면적<=120

89, 130, ⋯   56, ⋯, 47

예측값=평균=105.6   예측값=평균=50.8

[그림 7-10] 양적변수의 예측

의사결정나무의 분석과정을 정리하면 다음과 같다.

- 단계 1. 분석 목적에 따라 예측하고자 하는 변수인 반응변수 결정
- 단계 2. 반응변수들과 관련성이 있는 설명변수들의 선택
- 단계 3. 반응변수의 변수형태(질적, 양적)에 따른 적절한 분리기준과 정지규칙을 정하고 의사결정나무 형성
- 단계 4. 불필요한 가지에 대해 가지치기를 시행하여 나무를 단순화 함
- 단계 5. 예측 수행
- 단계 6. 의사결정나무 모형 평가

7.5 래피드마이너 실습

7.5.1 지방간유무 예측

여기서는 5장에서 실습한 지방간자료([표 5-1] 참고)를 수정한 자료에서 의사결정나무를 이용하여 이항변수인 지방간유무를 예측한다. 반응변수가 질적변수인 경우에 의사결정나무로 모델링할 때에는 각 범주에 속하는 비율이 비슷한 것이 좋으며, 이항변수인 경우에는 두 범주의 비율이 50% 정도인 것이 좋다. 여기서는 지방간자료에서 지방간유무가 0인 사례와 1인 사례를 각각 144개로 같게 수정하여 [표 7-1]과 같은 지방간자료2를 만들어 사용하였으며, 자료의 전체 사례 수는 288이다. 자료의사결정나무의 옵션은 디폴트로 주어지는 것을 사용하였고, 다음 절에서 옵션에 대한 설명을 하고 변경하는 방법을 설명하겠다.

[표 7-1] 지방간자료2 설명(사례수: 288)

변수이름	설명	변수 형태	역할
간기능_GOT	간기능(GOT=AST) 검사수치	real	regular
간기능_GPT	간기능(GPT=ALT) 검사수치	real	regular
당뇨	당뇨(포도당) 검사수치	real	regular
성별	1=남, 2=여	binominal	regular
중성지방	중성지방 검사수치	real	regular
지방간유무	0=없음, 1=있음	binominal	label
체질량지수	BMI = 몸무게(kg) / [키(m)]2	real	regular
혈색소	혈색소(헤모글로빈) 검사수치	real	regular

① 저장소에 있는 지방간자료2에서 지방간유무가 binominal인지 확인하고 지방간자료
2를 프로세스 창에 넣는다.

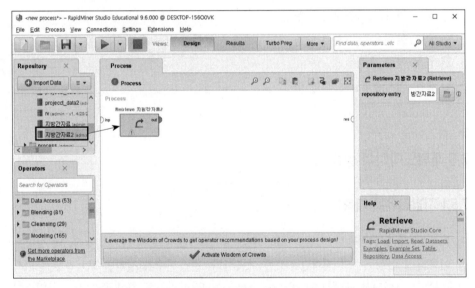

[그림 7-11] Set Role을 추가하고 지방간유무를 label로 지정

② 지방간유무를 예측하는 것이 목적이기 때문에 [그림 7-12]와 같이 오퍼레이터 창에
서 Set Role을 검색하여 프로세스 창에 넣고 지방간유무를 label로 지정한다.

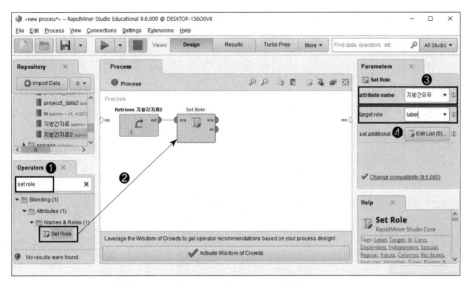

[그림 7-12] Set Role을 추가하고 지방간유무를 label로 지정

③ [그림 7-13]과 같이 오페러이터 창에서 Decision Tree를 검색하여 프로세스 창에 넣고 res 포트에 연결한다.

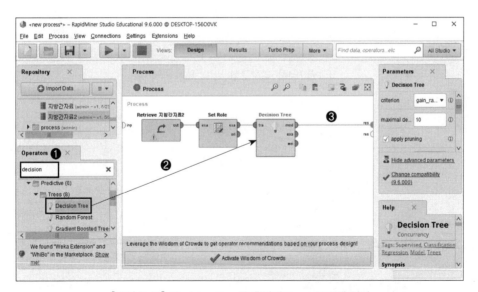

[그림 7-13] Decision Tree를 추가하고 res 포트에 연결

④ 실행 버튼(▶)을 클릭하면 [그림 7-14]와 같이 완성된 의사결정나무 결과를 볼 수

있다. 그림에서 특정한 잎노드를 클릭하면 그 노드로 가는 가지들과 자세한 설명을 볼 수 있으며, 잎노드에 있는 막대의 두께는 사례의 수를 나타내고 색깔은 0 또는 1의 비율을 나타낸다. 나무그림 결과 창에서 아래 그림과 같이 옵션을 변경하여 나무의 모양을 바꿀 수 있으며, [그림 7-15]는 [그림 7-14]에서 Tree (Tight)를 선택하여 나무 형태를 모이도록 해서 보여주는 결과이다. 이 나무는 깊이가 10인 복잡한 모양을 가진다.

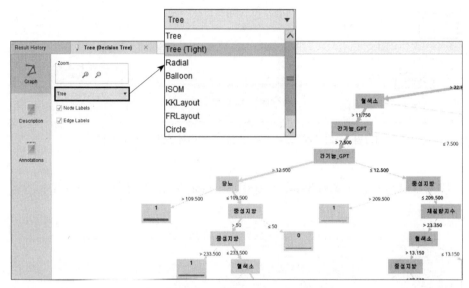

[그림 7-14] 의사결정나무의 표현 선택

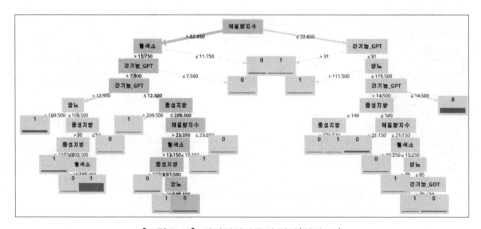

[그림 7-15] 의사결정나무의 결과(깊이=10)

7.5.2 지방간 예측에서 옵션 변경, 예측값 계산, 모형 평가

앞 절의 래피드마이너를 이용한 지방간유무 예측 실습 예제에서 옵션 변경을 실습하고 사례에 대한 지방간 예측과 모형 평가에 대해 실습한다.

① [그림 7-16]과 같이 Decision Tree의 파라미터 창에 있는 maximal depth를 4로 변경한다.

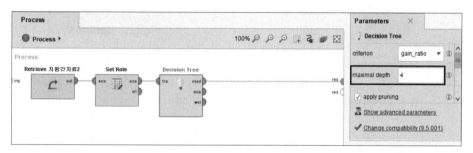

[그림 7-16] Decision Tree에서 maximal depth를 4로 변경

② 실행 버튼(▶)을 클릭하여 Results를 보면 [그림 7-17]과 같이 깊이가 4이고 잎노드가 6개인 나무를 볼 수 있다. maximal depth는 나무를 복잡하게 또는 간단하게 형성하고 싶을 때 사용하는 옵션이다. 나무 그림에서 체질량지수가 22.850보다 크고 혈색소가 11.750보다 크고 간기능_GPT가 7.500보다 큰 잎노드를 클릭하고 잎노드 위에 마우스를 올려두면 [그림 7-17]과 같이 잎노드에 대한 설명을 볼 수 있다. 설명을 보면, 이 노드에는 134명이 지방간 있음(1)이고 46명은 지방간 없음(0)이며 이 노드에 있는 180명은 전체의 62.50%를 차지하고 있다.

$$\frac{180}{288} \times 100 = 62.50\%$$

이 노드는 지방간 있음이 반 이상을 차지하기 때문에 지방간 있음으로 예측된다.

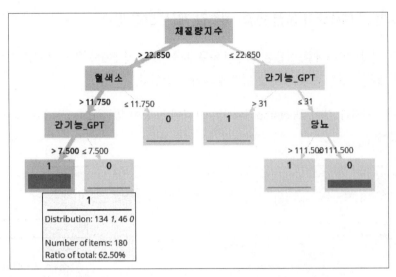

[그림 7-17] maximal depth를 4로 변경했을 때의 의사결정나무

③ Description을 누르면 [그림 7-18]과 같이 생성된 규칙을 볼 수 있다. 체질량지수가 22.850보다 크고 혈색소가 11.750보다 크고 간기능_GPT가 7.500보다 큰 잎노드를 보면 1이 134명 있고 0이 46명 있는 것을 알 수 있다.

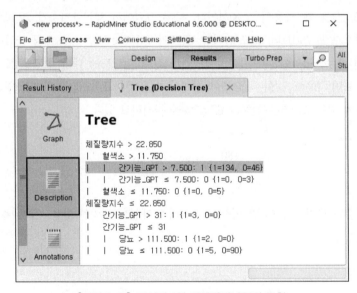

[그림 7-18] 깊이가 4인 의사결정나무의 규칙

④ [그림 7-19]와 같이 오퍼레이터 창에서 Apply Model을 찾아 프로세스 창에 넣고 Apply Model 앞과 뒤의 선들을 연결한다. 주의해야 할 것은 Apply Model에서 앞 뒤로 선들을 연결하기 전에 Decision Tree에서 결과(res)로 가는 선을 제거해야 한 다. Apply Model은 사용된 데이터셋 또는 새로운 데이터셋에 대해 예측을 하는 오 퍼레이터이다. 여기서는 사용한 지방간자료2를 재사용한다.

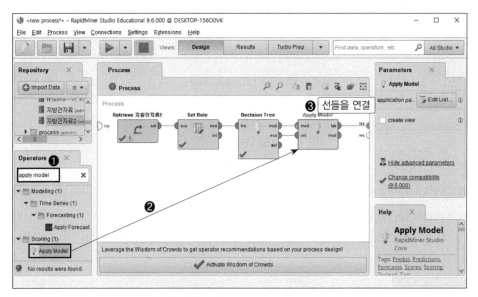

[그림 7-19] Apply Model 연결

⑤ 실행을 하고 결과 창에서 ExampleSet (Apply Model)을 보면 [그림 7-20]을 볼 수 있다. confidence(1)는 라벨인 지방간유무가 1일 확률이고 잎노드에서 1의 비율로 계산된다. confidence(0)는 0일 확률을 나타내며 두 값의 합은 1이다.

$$confidence(1) + confidence(0) = 1$$

prediction(지방간유무)은 지방간유무를 1 또는 0으로 예측한 결과이며 confidence(1)와 confidence(0) 중에서 큰 값으로 정해진다. 예측한 결과를 보면, 대부분의 사례들은 맞게 예측되고 있지만 첫 번째 사례(실제는 1, 예측은 0)처럼 잘 못 예측되는 경우도 발생한다.

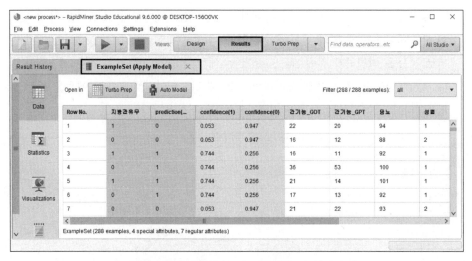

[그림 7-20] 의사결정나무에 의한 예측 결과(깊이=4)

⑥ 생성된 의사결정나무 모형이 얼마나 잘 맞는지 평가하기 위해 [그림 7-21]과 같이 Performance (Binominal Classification) 오퍼레이터를 추가하고 선들을 연결한다. 여기서도 Apply Model에서 결과로 가는 선을 먼저 제거해야 한다.

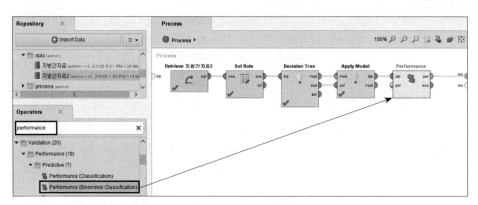

[그림 7-21] Performance (Binominal Classification) 오퍼레이터 추가

⑦ [그림 7-22]는 실행된 결과이다. 앞 단계의 파라미터 창에서 옵션을 변경하지 않으면 정확도(accuracy)만 결과에 나온다. 정확도는 정분류율과 같은 용어이고 실제값과 예측값이 같은 사례의 비율이며 여기서는 82.29%이다.

$$정확도(정분류율) = (실제1, 예측1) 의 비율 + (실제0, 예측0) 의 비율$$
$$= \frac{139 + 98}{288} \times 100 = 82.29\%$$

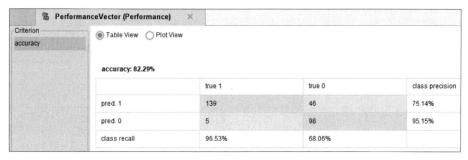

[그림 7-22] 모형 평가 결과(깊이=4)

오퍼레이터 설명

● Decision Tree: 의사결정나무 분석을 위한 오퍼레이터

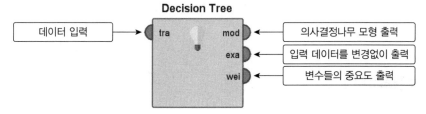

[그림 7-23] Decision Tree 오퍼레이터 설명

연습문제

1. 지방간자료2를 이용한 의사결정나무의 결과인 아래의 표를 완성하고 해석하라.

나무 깊이	잎노드 수	정확도(%)
2		
3		
4	6	82.29
5		

2. 지방간자료2에 대해서 깊이가 4인 의사결정나무의 결과인 [그림 7-17]에서 맨 왼쪽 잎노드에 대한 confidence(1) 값과 confidence(0) 값에 대해서 답하라.

   1) 두 값을 각각 계산하라.
   2) [그림 7-20]과 같은 테이블(ExampleSet)에서 값을 각각 찾아라.
   3) 1)과 2)의 값을 비교하라.

| 프로젝트코너 |

프로젝트자료(project_data.xlsx)를 이용하여 성별(gender), 키(height), 체중(weight)을 이용하여 발길이(foot_length)를 예측하는 의사결정나무 모형을 만들어라. 의사결정나무의 깊이는 3으로 하여 Performance(Regression)에 있는 root mean squared error를 구하라. 아래의 그림은 오퍼레이터들의 연결의 예이다. 참고로 Apply Model의 mod는 Performance를 거치지 않고 곧바로 res와 연결된다.

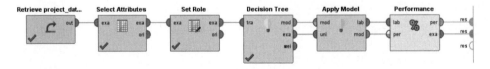

> **참고**
>
> 라벨이 양적변수이므로 Decision Tree의 파라미터 창에서 criterion을 least_square로 바꾸어야 한다.

08

신경망분석

contents

CHAPTER

08 신경망분석

| 학습목표 |

- 신경망의 의미를 학습한다.
- 신경망의 활용사례에 대해 알아본다.
- 신경망의 학습과정을 이해한다.
- 래피드마이너로 신경망을 구현하는 방법을 배운다.

8.1 신경망

신경망(인공신경망, artificial neural network)은 생물학의 신경망을 흉내 낸 일종의 기계학습(machine learning)이다. 매우 큰 인공신경망을 다루는 분야를 딥러닝이라고 하는데, 이는 인공지능(artificial intelligence) 분야에서 아주 중요한 역할을 하고 있다.

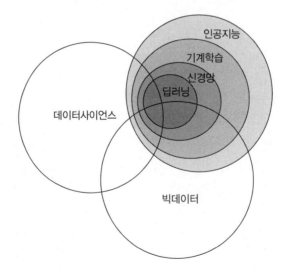

[그림 8-1] 인공지능과 빅데이터 그리고 데이터사이언스 관계도

8.2 신경망 활용사례

신경망은 예측과 분류 등의 지도학습뿐만 아니라 군집분석과 같은 비지도학습에서도 매우 폭넓게 활용되고 있다. 대표적인 활용분야로는 질병 진단과 같은 의학 분야뿐만 아니라 신용평가와 추천시스템과 같은 비즈니스 분야, 그리고 공장자동화 분야 등이 있다.

8.3 신경망 작동원리

어떤 종양을 양성과 음성으로 분류하는데 환자의 성별과 나이 그리고 종양의 크기(반지름, cm)가 중요한 변수라는 것을 알고 있다. 과거의 환자 12명의 사례와 새로운 환자 a와 b의 나이와 성별 그리고 종양크기를 조사한 데이터가 [표 8-1]과 [표 8-2] 그리고 [그림 8-2]에 나타나 있다. 여기에서 과거 자료를 이용한 모형을 만들어 환자 a와 b의 종양종류가 양성인지 음성인지를 예측하고자 한다.

[표 8-1] 종양데이터 변수 설명

변수이름	설명	형태	역할
id	환자번호	text	id변수
나이	환자 나이(단위: 세)	양적변수	설명변수
종양크기	종양크기(단위: cm)	양적변수	설명변수
성별	환자 성별(1:남성, 0:여성)	질적변수	설명변수
종양종류	종양종류(1:양성, 0:음성)	질적변수	반응변수

[표 8-2] 종양데이터

id	나이	종양크기	성별	종양종류
1	38	5.2	0	1
2	42	4.5	1	1
3	49	1.8	0	1
4	49	5.9	0	1
5	56	4.7	1	1

6	58	3.3	1	1
7	31	2	0	0
8	30	4	0	0
9	38	2.7	1	0
10	37	3.8	1	0
11	49	4	0	0
12	47	2.8	0	0
a	35	4.2	0	
b	52	5.6	1	

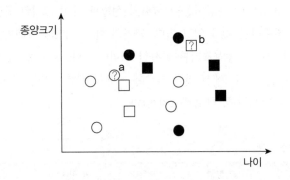

● : 여성 & 양성　　■ : 남성 & 양성　　○ : 여성 & 음성　　□ : 남성 & 음성

[그림 8-2] 환자의 나이와 성별 그리고 종양크기

새로운 환자 a와 b는 어디로 분류할 수 있을까? 앞에서 배운 의사결정나무로 분류할 수 있지만 신경망으로 분류하는 방법에 대해 알아보자.

먼저 위의 종양데이터를 통해 신경망의 작동원리를 설명한다. 이 신경망의 목적은 종양종류를 정확하게 분류(예측)하는 것이 목적이다. 신경망의 구조와 학습과정을 그림으로 나타내면 [그림 8-3]과 같다.

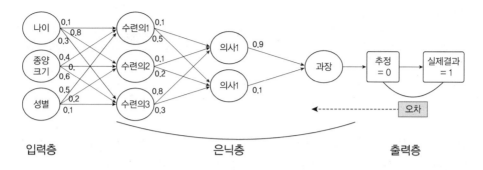

입력층   은닉층   출력층

[그림 8-3] 신경망의 구조와 학습 과정

종양종류를 결정하는 업무는 3명의 수련의(수련의1, 수련의2, 수련의3)와 2명의 의사 (의사1, 의사2) 그리고 1명의 과장이 담당한다. 그런데 모든 수련의와 의사 그리고 과장 은 이 업무가 처음이기 때문에 이 분야에 대한 정보가 없다고 한다.

수련의는 환자의 정보, 즉 3개의 설명변수(나이, 종양크기, 성별) 중 무엇이 중요한 변 수인지를 알 수 없으므로 각 변수의 중요도를 랜덤하게 결정하고 그것을 바탕으로 새 로운 정보를 만든다. 의사들도 수련의에 대한 정보가 없으므로 각 수련의의 중요도를 랜덤하게 결정하고 그것을 바탕으로 새로운 정보를 만든다. 그리고 과장도 랜덤하게 결 정되는 각 의사의 중요도를 기반으로 새로운 정보를 만든다. 랜덤하게 결정된 설명변수 의 중요도와 수련의의 중요도가 각각 [표 8-3]과 [표 8-4]와 같다고 하자. 편의상 중요 도의 합을 1로 하였는데 실제로는 그렇지 않다.

[표 8-3] 수련의의 설명변수 중요도

	수련의1	수련의2	수련의3
나이	0.1	0.8	0.3
종양크기	0.4	0.	0.6
성별	0.5	0.2	0.1

[표 8-4] 의사의 수련의 중요도

	의사1	의사2
수련의1	0.1	0.5
수련의2	0.1	0.2
수련의3	0.8	0.3

[표 8-5] 과장의 의사 중요도

	과장
의사1	0.9
의사2	0.1

"환자 정보(나이, 종양크기, 성별) → 수련의 정보 → 의사 정보 → 과장 정보"의 순서를 거치는 전방위(feed forward) 과정을 거친 후 종양종류를 분류하고 이 결과를 이용하여 중요도를 수정한다.

예를 들어 [그림 8-3]과 같이 1번 환자에 대해서 신경망이 음성(=0)으로 분류하였다면 이 분류 결과는 실제결과(=1)와 다르므로 오차가 발생하였다. 오차가 발생하였으므로 신경망의 의사결정 과정, 즉 중요도를 수정해야할 것이다. 중요도의 수정은 주로 오차를 근거로 하는데 이렇게 오차를 이용하여 중요도를 수정하는 과정을 오차 역전파(error back-propagation)라고 한다.

분류 결과를 통해 과장은 의사1의 중요도를 감소시키고(0.9 → 0.6) 의사2의 중요도를 증가시키는(0.1 → 0.4) 것이 오차를 감소시킬 수 있을 것으로 생각한다([표 8-8]). 그리고 의사1은 수련의1과 수련의2의 중요도를 증가시키고(0.1 → 0.2, 0.1 → 0.3) 수련의3의 중요도를 감소시키면(0.8 → 0.5) 오차를 줄일 수 있을 것이라 생각한다. 의사2는 수련의1과 2의 중요도를 증가시키는(0.5 → 0.6, 0.2 → 0.4) 대신 수련의3은 전혀 고려하지 않는 것으로(0.3 → 0) 중요도를 수정하여 오차를 줄이는 노력을 하였다([표 8-7]).

수련의1은 첫 환자의 결과를 반영하여 오차를 감소시키기 위해 나이와 종양크기 변수를 더 중요하게 고려하였고(0.1 → 0.4, 0.4 → 0.6) 성별은 고려하지 않기로 결정하였다. 그리고 수련의2는 나이의 중요도를 줄이고(0.8 → 0.5) 종양크기의 중요도를 증가시켰다(0. → 0.3). 또한 수련의3은 나이와 종양크기의 중요도를 감소시키고(0.3 → 0.2, 0.6 → 0.5)) 성별의 중요도를 증가시켜(0.1 → 0.3) 오차를 감소시키는 노력을 하였다([표 8-6]).

[표 8-6] 수정된 수련의의 설명변수 중요도

	수련의1	수련의2	수련의3
나이	0.4	0.5	0.2
종양크기	0.6	0.3	0.5
성별	0.	0.2	0.3

[표 8-7] 수정된 의사의 수련의 중요도

[표 8-7] 수정된 의사의 수련의 중요도

	의사1	의사2
수련의1	0.2	0.6
수련의2	0.3	0.4
수련의3	0.5	0.

[표 8-8] 수정된 과장의 의사 중요도

	과장
의사1	0.6
의사2	0.4

이렇게 수정된 중요도를 기반으로 다음 환자의 종양종류를 분류하여 오차를 계산하고 그 오차를 기반으로 오차를 줄일 수 있는 방향으로 중요도를 수정한다. 이러한 학습과정은 주어진 조건을 만족할 때까지 여러 번 반복(epoch)되면서 중요도를 수정한다. 실제 이러한 신경망의 학습은 자동으로 이루어지므로 위에서 설명한 것처럼 중요도를 사람이 직접 수정하는 것은 아니다.

[그림 8-3]에서 입력층(input layer)을 구성하는 3개의 각 노드(node)는 설명변수를 의미한다. 그리고 3개의 은닉층(hidden layer) 중에서 첫 번째 은닉층은 3개의 노드로 구성되어 있고 입력층의 각 노드와 모두 연결되어 있다. 그리고 두 번째 은닉층은 2개의 노드, 세 번째 은닉층은 1개의 노드로 구성되어 있고 각 층의 노드는 인근 층의 모든 노드와 연결되어 있다. 그림에서 연결선은 중요도를 나타내는 데, 이를 가중치(weight)라고 부르는데 그림에는 초깃값을 표시하였다. 신경망의 학습은 가중치를 수정하는 과정을 의미하는데 이는 각 노드가 가지는 정보가 점점 더 우리가 원하는 정보를 가질 수 있도록 한다.

신경망의 성능에 영향을 줄 수 있는 요소로는 가중치의 초깃값(initial value), 은닉층의 수, 은닉층의 노드 수, 반복(epoch) 수, 활성화함수(activation function), 최적화(optimization) 방법 등 많은 것이 있지만 이 책에서는 다루지 않으므로, 관심 있는 독자는 참고서적을 공부하기 바란다.

8.4 래피드마이너 실습

[표 8-1]과 [표 8-2]의 종양종류를 분류하는 신경망에 대해 알아본다. 이 데이터에는 라벨이 없는 사례가 2개 있는데 신경망은 결측치(missing data)가 있는 데이터를 이용할 수 없으므로 [표 8-9]와 같이 학습용자료(training data)와 예측용자료(predict data)로 나눈다. 예측용자료에는 라벨이 있어도 되지만 필요하지 않다. 학습용자료를 이용하여 신경망을 만들고, 만들어진 신경망을 이용하여 예측용자료의 종양종류를 분류한다.

[표 8-9] 종양종류의 학습용자료와 예측용자료

id	나이	종양크기	성별	종양종류	
1	38	5.2	0	1	학습용자료
2	42	4.5	1	1	
3	49	1.8	0	1	
4	49	5.9	0	1	
5	56	4.7	1	1	
6	58	3.3	1	1	
7	31	2	0	0	
8	30	4	0	0	
9	38	2.7	1	0	
10	37	3.8	1	0	
11	49	4	0	0	
12	47	2.8	0	0	
a	35	4.2	0		예측용자료
b	52	5.6	1		

① 데이터 편집(Data Editor) 창에서 학습용자료와 예측용자료의 형태와 역할을 확인하고 수정한다.

[표 8-10] 변수이름과 형태 그리고 역할

변수이름	변수형태	역할
id	text	id
종양종류	binomial	label
나이	integer	regular

종양크기	real	regular
성별	binominal	regular

Data Editor ✕

Row No.	id (text) *id*	종양종류 (binominal) *label*	나이 (integer) *regular*	종양크기 (real) *regular*	성별 (binominal) *regular*
1	1	1	38	5.200	0
2	2	1	42	4.500	1
3	3	1	49	1.800	0
4	4	1	49	5.900	0
5	5	1	56	4.700	1

[그림 8-4] 변수형태와 역할 확인

② 데이터 확인 후 프로세스 창에 다음과 같이 오퍼레이터를 구성한다.

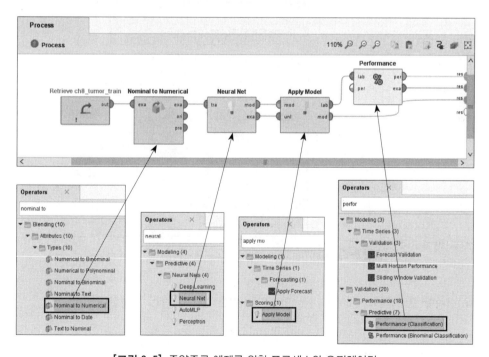

[그림 8-5] 종양종류 예제를 위한 프로세스와 오퍼레이터

③ 의사결정나무와 달리 회귀분석과 신경망은 질적변수를 그대로 사용할 수 없으므로 양적변수로 변환해야 한다. Nominal to Numerical 오퍼레이터를 이용하여 질적변수인 성별을 양적변수로 변환한다. 변환방법은 여러 가지가 있지만 이 책에서는 더미변수(dummy variable)로 변환하는 방법을 사용한다. 단, 라벨은 질적변수라도 변환하지 않으므로 종양종류는 변환하지 않는다.

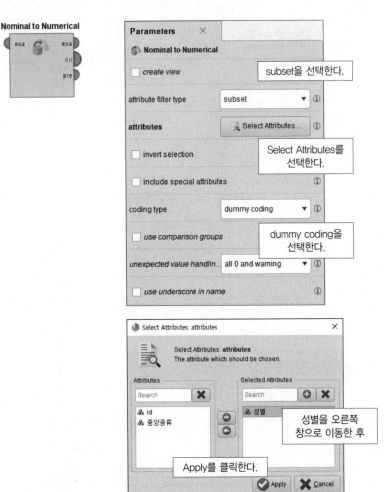

[그림 8-6] Nominal to Numerical 오퍼레이터 파라미터 조정

④ 신경망 오퍼레이터 Neural Net의 파라미터를 다음과 같이 지정한다.

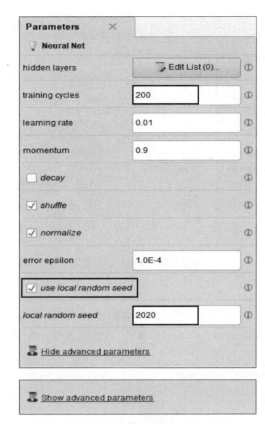

[그림 8-7] Neural Net 오퍼레이터 파라미터 조정

파라미터 창의 hidden layers에서 신경망의 구조를 지정할 수 있는데 여기서는 기본으로 제공되는 구조를 사용한다. 그리고 training cycles는 반복 수(epoch)를 나타내는 것으로, 학습할 때 데이터의 사용 횟수를 의미하는데 이 값이 클수록 많은 학습을 한다. 신경망 학습에서 가중치의 초깃값은 랜덤하게 선택되므로 다른 모수 값이 동일하여도 결과가 같지 않을 수 있다. Local random seed는 초깃값을 결정하는 값이므로, 이 값을 통하여 초깃값을 통제할 수 있다.

⑤ 실행 후 결과를 확인한다. 먼저 신경망의 구조와 가중치를 다음과 같이 확인할 수 있다. 그림의 값은 은닉층의 첫 번째 노드와 입력층의 각 노드와의 가중치다. Threshold는 편의(bias)를 나타내는 값인데 [그림 8-3]에는 나타내지 않았다.

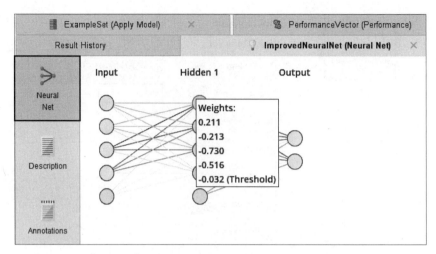

[그림 8-8] 신경망 실행 결과 – 신경망의 구조와 가중치

각 사례의 분류결과와 confidence를 확인할 수 있는데 1번과 3번은 양성인데 신경
망에서는 음성으로 분류하였고, 10번은 음성인데 양성으로 분류하였다.

Row No.	id	종양종류	prediction(...	confidence(1)	confidence(0)	성별 = 0
1	1	1	0	0.460	0.540	1
2	2	1	1	0.543	0.457	0
3	3	1	0	0.436	0.564	1
4	4	1	1	0.527	0.473	1
5	5	1	1	0.602	0.398	0
6	6	1	1	0.585	0.415	0
7	7	0	0	0.375	0.625	1
8	8	0	0	0.403	0.597	1
9	9	0	0	0.484	0.516	0
10	10	0	1	0.504	0.496	0
11	11	0	0	0.484	0.516	1
12	12	0	0	0.448	0.552	1

[그림 8-9] 신경망 실행 결과 – 각 사례의 분류결과

Performance 오퍼레이터로부터 정분류표를 아래와 같이 구할 수 있다. 여기에서는 12개의 사례 중에서 올바르게 분류된 것이 9개이므로 정분류율은 9/12 = 0.75이다.

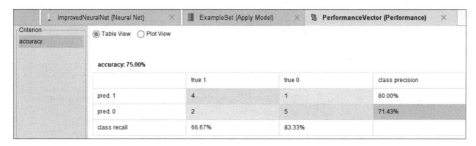

[그림 8-10] 신경망 실행 결과 - 정분류표

⑥ 학습용자료를 이용하여 만들어진 신경망에 예측용자료의 2개 사례가 어떻게 분류 되는지 알아보기 위해 아래와 같이 오퍼레이터를 프로세스 창에 구성한다.

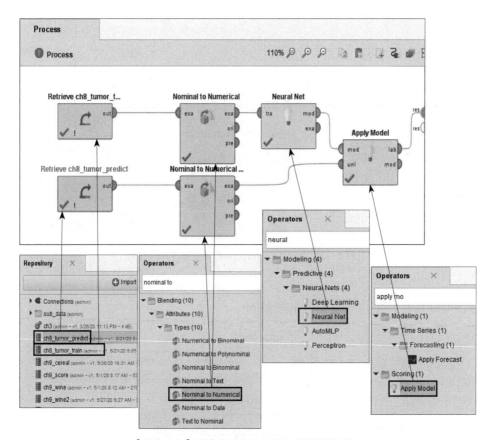

[그림 8-11] 예측용자료의 분류를 위한 프로세스

⑦ 실행키(▶)를 실행하여 다음의 결과를 확인한다.

[표 8-11] 실행결과

Row No.	id	종양종류	prediction(...	confidence(1)	confidence(0)
1	a	?	0	0.426	0.574
2	b	?	1	0.603	0.397

ExampleSet (Apply Model)
Open in [Turbo Prep] [Auto Model] Filter (2 / 2 examples): all ▼

환자 a는 음성, b는 양성으로 분류되었다. 그리고 각각의 양성에 대한 confidence
는 0.426, 0.603으로 나타났다.

오퍼레이터 설명

● Nominal to Numerical: 질적변수를 양적변수로 변환하는 오퍼레이터

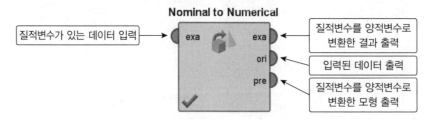

질적변수가 있는 데이터 입력 → exa | **Nominal to Numerical** | exa ← 질적변수를 양적변수로 변환한 결과 출력
ori ← 입력된 데이터 출력
pre ← 질적변수를 양적변수로 변환한 모형 출력

[그림 8-12] Nominal to Numerical 오퍼레이터 설명

● Neural Net: 신경망분석을 위한 오퍼레이터

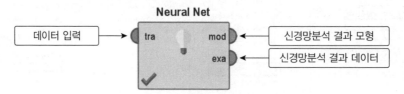

데이터 입력 → tra | **Neural Net** | mod ← 신경망분석 결과 모형
exa ← 신경망분석 결과 데이터

[그림 8-13] Neural Net 오퍼레이터 설명

연습문제

1. 종양 예제의 학습용자료를 이용한 Neural Net 오퍼레이터의 파라미터 training cycles가 10, 100, 200 그리고 1000인 경우에 다음의 표를 완성하시오.

training cycles	10	100	200	1000
정분류율				
잘못 분류된 환자 번호				

예를 들어 training cycles가 20일 때의 정분류표는 아래와 같다.

[표 8-12] 정분류표

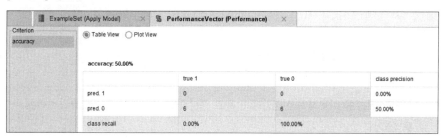

이 신경망은 모든 환자 12명을 0으로 분류하였고 1과 0에 대한 confidence를 0.5에 가깝게 출력함을 볼 수 있다. 이러한 결과는 학습의 training cycles = 20이 너무 적었기 때문이다.

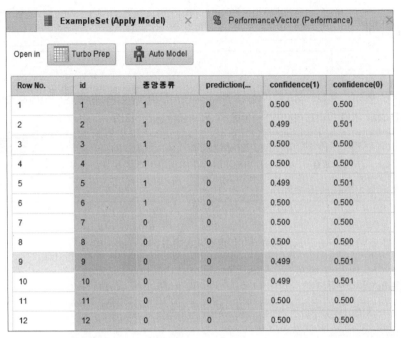

Row No.	id	종양종류	prediction(...	confidence(1)	confidence(0)
1	1	1	0	0.500	0.500
2	2	1	0	0.499	0.501
3	3	1	0	0.500	0.500
4	4	1	0	0.500	0.500
5	5	1	0	0.499	0.501
6	6	1	0	0.500	0.500
7	7	0	0	0.500	0.500
8	8	0	0	0.500	0.500
9	9	0	0	0.499	0.501
10	10	0	0	0.499	0.501
11	11	0	0	0.500	0.500
12	12	0	0	0.500	0.500

[그림 8-14] training cycles= 20일 때의 각 사례 분류 결과

2. 지방간자료2를 이용하여 신경망을 만들고 정분류율을 구하라. 단, training cycles = 100으로 한다.

| 프로젝트코너 |

아래에서 언급되는 모형의 파라미터는 기본으로 주어지는 것을 이용한다. 그리고 의사결정나무의 깊이는 3으로 한다.

1) 프로젝트자료(project_data.xlsx)를 이용하여 성별(gender), 키(height), 체중(weight)을 이용하여 발길이(foot_length)를 예측하는 신경망과 선형회귀모형 그리고 의사결정나무를 만들고 Performance(Regression)에 있는 root mean squared error를 구하여 비교하라.

2) 프로젝트 데이터에서 체중(weight), 선호음식(food) 그리고 폰(phone)을 이용하여 성별(gender)을 예측하는 신경망과 의사결정나무를 만들고 정분류율을 구하여 비교하라.

3) 프로젝트 데이터에서 혈액형(blood_type), 선호음식(food) 그리고 폰(phone)을 이용하여 성별(gender)을 예측하는 신경망을 만든다. 먼저 프로젝트 데이터를 Split Data 오퍼레이터를 이용하여 전체 사례를 7:3의 비율로 학습용자료와 검증용자료로 분할한다([그림 8-15]). 그리고 학습용자료를 이용한 신경망을 만들고 학습용자료의 정분류율([그림 8-16(상)])을 구하고, 학습용자료를 이용한 신경망을 만들고 검증용자료의 정분류율([그림 8-16(하)])을 구하여 다음의 표를 완성하라.

training cycles	10	100	1000	10000
학습용자료의 정분류율				
검증용자료의 정분류율				

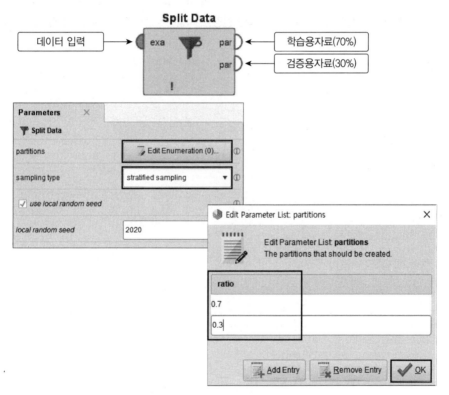

[그림 8-15] Split Data 오퍼레이터

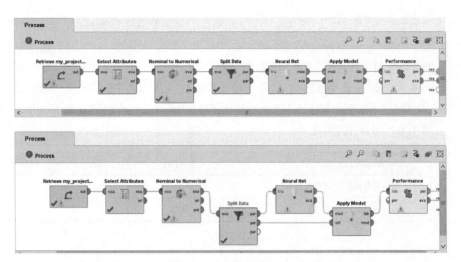

[그림 8-16] 프로젝트 데이터를 이용한 신경망. 학습용자료의 정분류율(상)과 검증용자료의 정분류율(하) 구하기

09

군집분석

contents

| 학습목표 |

- 군집분석의 개념에 대해 알아본다.
- 군집분석의 활용사례에 대해 이해한다.
- 군집분석 알고리즘에 대해 학습한다.
- 래피드마이너로 군집분석하는 방법을 학습한다.

9.1 군집분석

군집분석(cluster analysis)은 관측값(개체)들 사이의 거리(또는 유사성)를 이용하여 관측값들을 몇 개의 군집(cluster)으로 나누는 분석을 의미하는데, 단순히 군집으로 나누는 것에 그치지 않고 그 군집을 해석함과 동시에 그 결과를 활용할 수 있어야 한다.

9.2 군집분석 활용사례

1. 구매성향에 따른 화장품 고객을 가격지향형, 브랜드지향형, 정보지향형으로 세분화하여 마케팅전략에 활용한다.
2. 골프시장 활성화를 위해 고객을 과시형, 운동형, 비즈니스형, 친목형으로 세분화 하여 마케팅전략에 활용한다.
3. 학생들의 성적으로 군집화: 보충수업 운영 혹은 학생지도에 활용
4. 12개의 시리얼(cereal)제품의 영양 성분: 단백질, 탄수화물, 지방, 열량, 비타민 등을 조사하여 제품을 군집으로 묶는다. - 유사한 시리얼을 파악할 수 있고 각 제품

이 가지는 특징을 파악할 수 있다.

5. A 카드사는 우수고객 30만 명의 나이, 성별, 가입기간, 사용 총액, 신용 판매 이용 금액, 자사 카드 사용 비율, 상품별 비율, 가맹점 유형별 사용 금액 등 총 17개 변수를 기준으로 고객을 [표 9-1]과 같이 여러 개의 집단으로 나누고 각 집단별 마케팅 전략을 작성하였다(세상을 읽는 새로운 언어, 빅데이터, 조성준, 21세기 북스).

[표 9-1] 카드 고객 군집

군집	특징	전략
1	타사카드로 현금서비스를 많이 받는 VIP	본사카드 현금서비스 받게 하기
2	골프장과 호텔을 자주 이용하는 VIP	호텔과 골프장 쿠폰 제공
3	주유소와 자동차 관련 소비가 많은 고객	해당 주유소 쿠폰
4	현금서비스를 주로 사용	주의 관찰 대상
5	특급호텔과 항공료 사용 많은 고객	플래티넘 고객 후보

9.3 군집분석 방법

군집을 묶는 방법은 여러 가지가 있는데 다음의 표에 간략하게 나타내었다.

[표 9-2] 군집분석 방법

계층적 방법 (hierarchical method)	agglomerative 응집형	단일연결법(single linkage method)
		완전연결법 (complete linkage method)
		평균연결법(average linkage method)
		중심연결법(centroid linkage method)
		Ward연결법(Ward method)
	divisive 분리형	다이아나 방법(Diana method)
분할적 방법 (partitional method)	k-means	
	k-medoids	
분포기반방법 (density based method)		
모형기반방법 (model based method)		

군집분석 방법 중에서 가장 이해가 쉽고 많이 사용되는 k-means 방법을 설명한다.

9.4 k-means 방법

9개 와인 종류의 알콜 도수(degree)를 직접 측정한 자료이다. 도수를 기준으로 k-means 방법으로 군집화 하는 과정을 설명한다. 군집의 수(k)를 2로 사용하기로 하는데, 이는 도수를 기준으로 9개의 와인을 두 집단으로 나누고자 하는 것이다.

[표 9-3] 와인데이터

name	degree
A	0
B	0.9
C	3.2
D	4.1
E	5.2
F	8
G	10
H	11.1
I	11.9

[표 9-4] 와인데이터 변수의 형태와 역할

	name	degree
형태	text	real
역할	id	regular

k-means 방법에 의한 군집화 과정을 [표 9-5]에 요약하였다.

[표 9-5] k-means 방법 군집화 과정

① 군집의 수(k)를 결정한다.	여기서는 $k=2$
② 각 군집의 중심을 임의로 선택한다. 여기에서는 화살표로 표시한 1과 3이 선택되었다.	A B C D E F G H I (0~12 척도, 화살표 1, 3)
③ 각 개체는 가장 가까운 중심을 기준으로 군집을 형성한다.	[A B] [C D E] F G H I (화살표 1, 3)
④ 각 군집의 중심을 구한다. 여기에서는 각 군집에 속한 개체의 평균(mean)을 이용하는데 그 중심은 0.45와 7.64이다.	[A B] [C D E F G H I] (화살표 0.45, 7.64)
⑤ ③과 ④를 반복한다. 각 개체는 가장 가까운 중심을 기준으로 군집을 형성한다.	[A B C] [D E F G H I] (화살표 0.45, 7.64)
⑥ 각 군집의 중심을 구한다. 각 중심은 1.37과 8.38이다	[A B C] [D E F G H I] (화살표 1.37, 8.38)
⑦ 각 개체는 가장 가까운 중심을 기준으로 군집을 형성한다.	[A B C D] [E F G H I] (화살표 1.37, 8.38)
⑧ 각 군집의 중심을 구한다. 각 중심은 2.05와 9.24이다.	[A B C D] [E F G H I] (화살표 2.05, 9.24)
⑨ 각 개체는 가장 가까운 중심을 기준으로 군집을 형성한다.	[A B C D E] [F G H I] (화살표 2.05, 9.24)
⑩ 각 군집의 중심을 구한다. 각 중심은 2.68과 10.25이다.	[A B C D E] [F G H I] (화살표 2.68, 10.25)
⑪ 각 개체는 가장 가까운 중심을 기준으로 군집을 형성한다.	[A B C D E] [F G H I] (화살표 2.68, 10.25)
⑫ 군집의 변화가 없으면 종료	(A,B,C,D,E)가 하나의 군집이 되고 (F,G,H,I)가 또 하나의 군집을 형성한다.

여기에서 각 개체 사이의 거리(distance)는 유클리드(Euclid) 거리를 사용하였다. 즉, 두 개체 x와 y 사이의 거리를 $D(x,y)$로 표기한다면, $D(A,B) = 0.9$, $D(A,C) = 3.2$가 된다.

9.5 래피드마이너 실습

9.5.1 와인데이터를 이용한 군집화

[표 9-3]의 와인데이터를 래피드마이너에서 k-means 방법으로 군집분석하는 실습을 한다.

① 변수형태와 역할을 확인한다.

변수이름	변수형태	역할
name	text	id
degree	real	regular

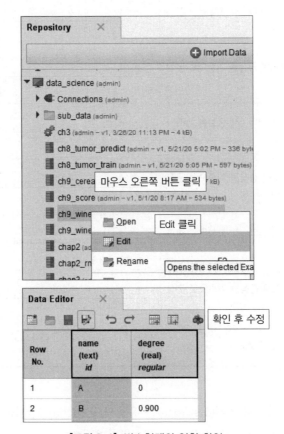

[그림 9-1] 변수형태와 역할 확인

② 프로세스 창에 다음과 같이 오퍼레이터를 위치한다.

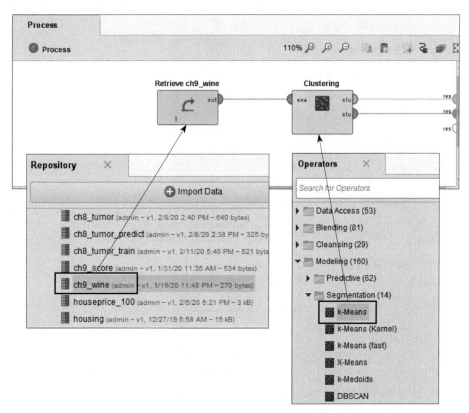

[그림 9-2] 프로세스 창 구조와 오퍼레이터

참고

각 개체를 구분할 수 있는 역할을 하는 변수를 id로 지정하는데, 이런 역할을 할 수 있는 변수가 없으면 id를 지정하지 않아도 된다. 이 경우에는 자동으로 행 번호를 id로 사용한다.

③ Clustering 오퍼레이터의 파라미터를 조정한다.

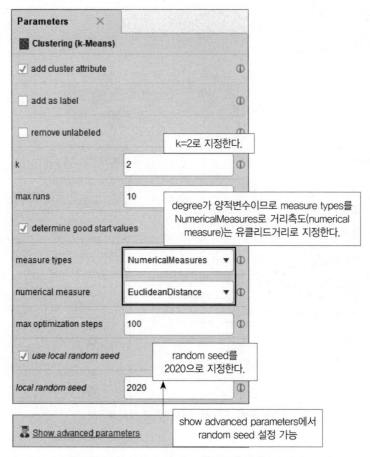

[그림 9-3] Clustering 오퍼레이터 파라미터 조정

④ 실행 후 결과를 확인한다.

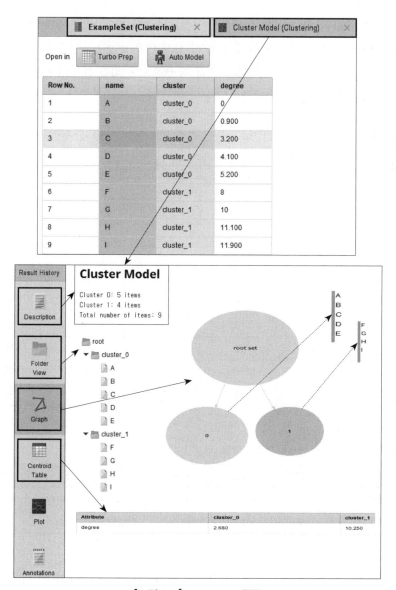

[그림 9-4] Clustering 결과

A, B, C, D, E가 군집0(cluster0), 그리고 F, G, H, I가 군집1(cluster1)을 이루고 있고 각 군집의 중심은 2.68과 10.25가 되는 것을 알 수 있다. 이 결과는 [표 9-4]와 일치함을 알 수 있다.

9.5.2 성적을 이용한 학생의 군집화

상민고등학교에서는 2학년 학생 10명을 대상으로 3개의 보충수업을 시행하려고 한다. 각 학생의 과목별 성적이 [표 9-6]과 같을 때 학생 맞춤형 보충수업을 k-means 군집분석을 통해 설계하고자 한다. 군집분석에서 각 변수의 단위와 분산이 다를 수 있으므로 변수의 표준화를 통해 이를 보완해 주는 것이 좋다.

[표 9-6] 학생 성적 데이터

학번	생물	화학	수학	영어	국어
1	100	95	50	60	40
2	90	85	100	100	30
3	90	85	90	100	95
4	100	100	95	85	50
5	100	90	50	50	40
6	95	90	50	30	50
7	85	100	90	95	100
8	100	95	70	60	50
9	85	95	90	90	25
10	100	100	85	95	90

[표 9-7] 학생 성적 데이터 변수의 형태와 역할

	학번	생물	화학	수학	영어	국어
형태	integer	integer	integer	integer	integer	integer
역할	id	regular	regular	regular	regular	regular

① 변수의 역할과 형태를 확인한 후, 프로세스 창에 다음과 같이 오퍼레이터를 위치한다. Normalize 오퍼레이터는 표준화를 위한 것이고, Cluster Model Visualizer 오퍼레이터는 군집분석 결과를 더 자세히 볼 수 있는 역할을 한다.

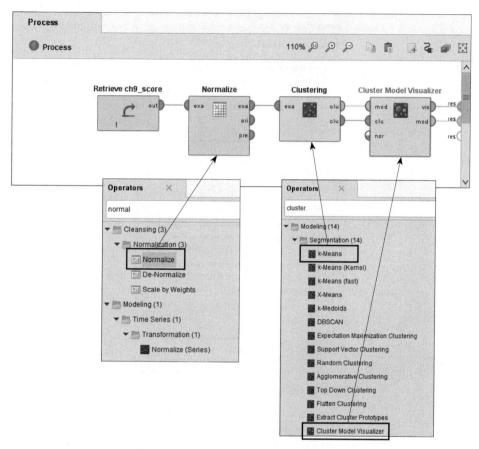

[그림 9-5] 프로세스 창 구조와 오퍼레이터

② Normalize 오퍼레이터의 파라미터는 기본으로 지정하고, Clustering 오퍼레이터의 파라미터를 다음과 같이 지정한다.

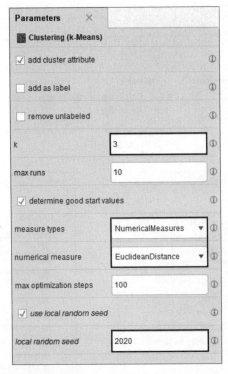

[그림 9-6] Clustering 오퍼레이터의 파라미터 지정

③ 실행 후 Cluster Model Visualizer의 결과를 확인한다. 결과에 나타나는 점수는
표준화된 값이다.

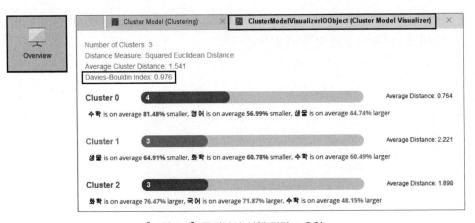

[그림 9-7] 군집분석 실행 결과 – 요약

[그림 9-7]은 군집분석의 결과를 간략히 표현한다. 예를 들어 군집0에 속하는 개체는 4개이고 군집0은 다른 군집에 비해 수학과 영어 점수가 낮고 생물점수는 높다.

[그림 9-8]은 각 군집의 특징을 파악할 수 있는 그림이다. 예를 들어 군집0은 다른 군집에 비해 수학과 영어 점수가 많이 낮음을 알 수 있고, 군집1은 다른 군집에 비해 생물과 화학 점수는 낮다는 것을 알 수 있다. 그리고 군집2는 평균 점수가 낮은 과목이 없고 국어와 화학점수가 특히 높다는 것을 알 수 있다.

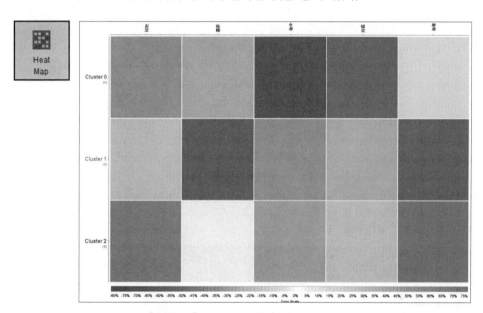

[그림 9-8] 군집분석 실행 결과 – 히트맵

[그림 9-9]와 [표 9-8]에서 군집0은 대체적으로 성적이 낮은 학생들로 구성이 되었는데 특히 수학과 영어 평균이 다른 군집에 비해 많이 낮지만 생물 점수는 상당히 높은 것으로 확인할 수 있다. 군집1은 생물과 화학 점수가 낮고 영어와 수학 점수가 높은 집단이고, 군집2는 모든 과목 성적이 좋은 학생들로 구성이 되었고 특히 화학과 영어 점수가 높지만 생물은 다른 과목에 비해 낮은 성적을 보인다. 이러한 사실은 [그림 9-8]에서도 확인할 수 있었다.

Centroid
Chart

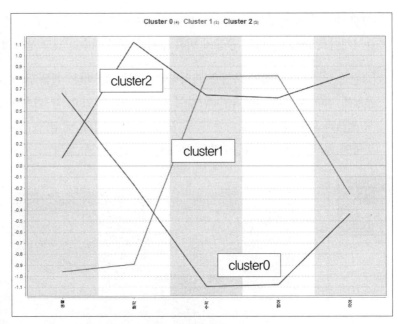

Cluster 0 (4)   Cluster 1 (3)   Cluster 2 (3)

[그림 9-9] 군집분석 실행 결과 - 차트

[표 9-8] 군집분석 실행 결과 - 군집중심

Centroid
Table

Cluster	생물	화학	수학	영어	국어
Cluster 0	0.661	-0.172	-1.091	-1.077	0.435
Cluster 1	-0.959	-0.891	0.810	0.819	-0.254
Cluster 2	0.078	1.121	0.645	0.616	0.833

[그림 9-10]은 군집0(상)과 군집1(하)이 다른 군집과 가장 많이 다른 것을 보여주는 그림인데, 군집0은 수학과 영어점수가 다른 군집에 비해 많이 낮은 것을 알 수 있다. 그리고 군집1이 생물과 화학점수가 다른 군집에 비해 낮은 것을 알 수 있다.

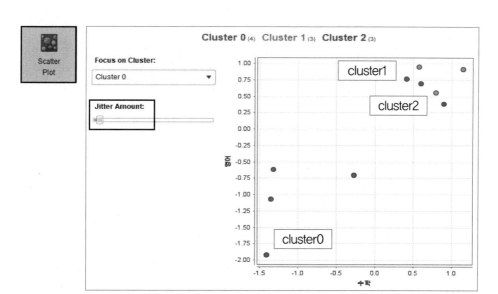

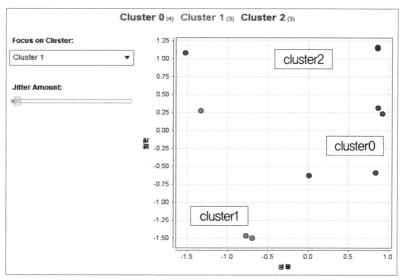

[그림 9-10] 군집분석 실행 결과 – 산점도

④ 군집분석의 결과를 활용한다.

[표 9-9] 군집분석 결과 활용

	특징	보충 수업
0 군집	전체적으로 성적이 낮음 특히 국어, 영어, 수학 성적이 낮음 생물 성적은 높음	공부하는 자세와 방법. 생물 심화. 국어, 영어, 수학 기초 보충.
1 군집	영어와 수학 성적이 높고 생물과 화학이 낮음	영어, 수학 경시 대비하면서 과학 보충.
2 군집	모든 과목의 성적이 좋음 특히 국어와 화학 성적이 좋음 다른 과목에 비해 생물, 수학, 영어 성적이 아쉬움	영어, 수학 심화. 화학 경시대회 준비. 국어와 관련된 진로 탐색.

⑤ Cluster Model Visualizer 오퍼레이터와 Normalize 오퍼레이터를 아래와 같이 연
결하면 표준화된 점수로 만들어진 군집의 결과를 원래의 점수에 적용한 군집분석의
결과를 얻을 수 있다. 원 점수의 결과는 ClusterModelVisualizerIOObject (Cluster Model Visualizer)
에서 확인할 수 있지만 Cluster Model (Clustering) 에서는 여전히 표준화 점수의 결과를
보여준다.

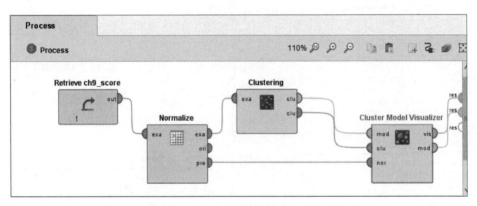

[그림 9-11] 원래의 점수로 군집분석의 결과를 얻기 위한 프로세스

[표 9-10]에는 결과 테이블의 값이 원래의 점수로 나타난다. 이것은 [표 9-8]과는
다르게 해석될 수 있음에 주의해야한다. 예를 들어 [표 9-10]에서는 군집1의 생물점
수가 다른 군집보다 많이 낮지 않은 것처럼 보이지만 [표 9-8] 표준점수는 아주 작
은 값으로 나온다.

[표 9-10] 군집분석 실행 결과 - 군집중심

Cluster	생물	화학	수학	영어	국어
Cluster 0	98.750	92.500	55.000	50.000	45.000
Cluster 1	88.333	88.333	93.333	96.667	50.000
Cluster 2	95.000	100.000	90.000	91.667	80.000

⑥ 원점수를 이용한 군집분석과 표준화 점수를 이용한 군집분석의 결과가 다르다는 것은 [그림 9-12]로 확인할 수 있는데, 3번과 4번 사례가 서로 바뀐 것을 볼 수 있다.

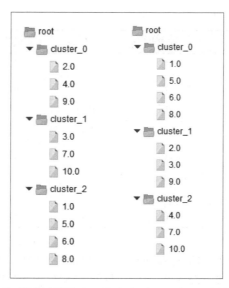

[그림 9-12] 원점수(왼쪽)와 표준화 점수(오른쪽)를 이용한 군집 결과

주의

군집분석의 평가는 군집 내에서는 높은 유사도(high intra-cluster similarity)를 가지고, 군집 간에는 낮은 유사도(low inter-cluster similarity)를 가진 결과에 높은 점수를 주는 방법을 사용하는데 많이 사용되는 지표는 Davies-Bouldin 지표다. 이 지표는 Cluster Model Visualizer 오퍼레이터의 결과 [그림 9-7]에서 확인할 수 있다. 값이 작을수록 군집화의 결과가 좋은 것으로 평가할 수 있지만 절대적인 것은 아니므로 참고사항으로 이용한다.

이 예제의 경우 군집의 수에 따른 Davies-Bouldin 지표값은 [표 9-11]과 같이 군집의 수가 5일 때 가장 좋은 군집분석의 결과를 보일 것으로 예상된다. 그렇지만 군집분석의 결과에 의하면 자료의 수에 비해 군집의 수가 너무 많고 또한 각 군집의 특징이 두드러지지 않을 알 수 있다.

[표 9-11] 군집의 수와 Davies-Bouldin 지표

군집의 수	2	3	4	5
Davies-Bouldin 지표	0.953	0.976	0.817	0.490

참고

100명의 학생에 대하여 5개의 변수를 조사한 자료가 [표 9-12]와 같다.

[표 9-12] 학생 설문 데이터

id	성별	혈액형	키	나이	선호음식
1	남	O	178	55	비빔밥
2	남	B	169	33	스테이크
3	여	B	168	57	라면
4	여	A	169	24	삼겹살
5	여	AB	157	55	삼겹살
.	.	.	.	.	.
.	.	.	.	.	.
100	남	O	188	41	파스타

군집분석을 위해서 학생간의 거리를 계산해야한다. 만약 1번 학생과 25번 학생은 성별만 다르고 다른 모든 변수가 같고, 1번 학생과 71번 학생은 키만 10cm 차이 나고 다른 모든 변수가 같다면, 1번 학생과 더 유사한 학생은 누구인가? 키의 10cm 차이는 나이의 10세 차이와 같은 거리로 간주할 수 있는가? 비빔밥과 라면의 차이와 스테이크와 삼겹살의 차이는 같다고 할 수 있는가? 이와 같이 거리를 계산하는 것도 여러 가지 고려할 사항이 많다.

양적변수는 유클리드거리(Euclid distance), 상관계수(correlation coefficient) 그리고 변수 사이의 상관성을 고려한 마할라노비스거리(Mahalanobis distance)를 많이 사용하고 질적변수는 단순매칭(simple matching)을, 그리고 순위형은 값의 차이를 많이 사용한다.

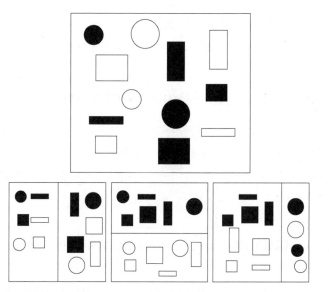
오퍼레이터 설명

● Clustering: 군집분석을 위한 오퍼레이터

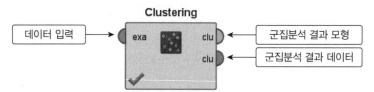

[그림 9-14] Clustering 오퍼레이터 설명

● Normalize: 표준화를 위한 오퍼레이터

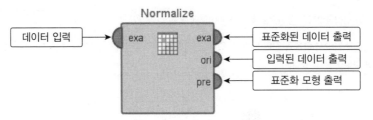

[그림 9-15] Normalize 오퍼레이터 설명

● Cluster Model Visualizer: 군집분석을 시각화하기 위한 오퍼레이터

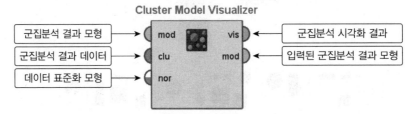

[그림 9-16] Cluster Model Visualizer 오퍼레이터 설명

그림의 nor 포트는 Normalize 오퍼레이터의 pre 포트에 연결되어 데이터를 표준화한 모형을 입력받는다. 이렇게 입력된 표준화모형은 표준화된 자료를 원자료로 환원하여 군집분석의 결과를 원자료로 보여 주는 데 사용된다.

연습문제

1. 래피드마이너를 이용하여 와인자료를 3개의 군집으로 나누고, 각 군집의 도수(degree) 평균을 구하라(k-means 방법 사용).

2. 15개 자동차의 가격과 만족도를 조사한 그림이다. $k=3$인 k-means 방법을 사용하는 군집분석 과정을 그림으로 나타내어라. 사각형은 초기 중심값이다.

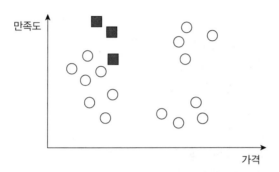

[그림 9-17] 15개 자동차의 가격과 만족도

3. 77개의 시리얼(cereal) 제품의 영양 성분 – 단백질, 탄수화물, 지방, 열량, 비타민 등을 조사하여 자료를 얻었다. [표 9-13]은 자료의 일부를 보여준다(https://www.kaggle.com/crawford/ 80-cereals#cereal.csv). k-means 방법을 이용하여 제품을 여러 개의 군집으로 묶을 때 가장 적합한 군집수를 구하고 각 군집의 특징을 서술하라.

먼저 각 변수의 형태와 역할을 확인한다. Name, mfr, type, vitamin, shelf를 제외한 변수는 형태와 역할이 real(integer), regular이다. 그리고 Name은 text, id이고 mfr, type, vitamin, shelf는 polynominal(binominal), regular이다.

양적변수는 표준화 과정을 거치고, k-means의 파라미터에서 measure type는

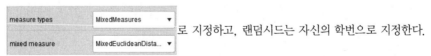

로 지정하고, 랜덤시드는 자신의 학번으로 지정한다.

각 변수의 이름과 설명은 다음과 같다.

name: 이름, name of cereal

mfr: 제조회사, manufacturer of cereal

A = American Home Food Products;

G = General Mills

K = Kelloggs

N = Nabisco

P = Post

Q = Quaker Oats

R = Ralston Purina

type: 식사 타입(cold, hot)

calories: 칼로리, calories per serving

protein: 단백질, grams of protein

fat: 지방, grams of fat

sodium: 염분, milligrams of sodium

fiber: 섬유질, grams of dietary fiber

carbo: 탄수화물, grams of complex carbohydrates

sugars: 당분, grams of sugars

potass: 포타시움, milligrams of potassium

vitamins: 비타민, vitamins and minerals − 0, 25, or 100, indicating the typical percentage of FDA recommended

shelf: 전시 선반의 층, display shelf (1, 2, or 3, counting from the floor)

weight: 일회 섭취량 무게, weight in ounces of one serving

cups: 일회 섭취량 스푼 수, number of cups in one serving

rating: 평가, a rating of the cereals (Possibly from Consumer Reports?)

[표 9-13] 시리얼(cereal) 제품의 영양 성분

name	mfr	type	calories	protein	fat	sodium	fiber	carbo	sugars	potass	vitamins	shelf	weight	cups	rating
100% Bran	N	C	70	4	1	130	10	5	6	280	25	3	1	0.33	68.40
100% Natural Bran	Q	C	120	3	5	15	2	8	8	135	0	3	1	1	33.98
All-Bran	K	C	70	4	1	260	9	7	5	320	25	3	1	0.33	59.42
All-Bran with Extra Fiber	K	C	50	4	0	140	14	8	0	330	25	3	1	0.5	93.70
Almond Delight	R	C	110	2	2	200	1	14	8	−1	25	3	1	0.75	34.38
Apple Cinnamon Cheerios	G	C	110	2	2	180	1.5	10.5	10	70	25	1	1	0.75	29.50
Apple Jacks	K	C	110	2	0	125	1	11	14	30	25	2	1	1	33.17

4. [표 9-14]는 포도주의 도수(degree)와 가격(price)를 조사한 자료 "wine2.xlsx"이다.

[표 9-14] 와인 자료2

name	degree	price
A	0.0	1000.0
B	0.9	100.0
C	1.2	1.0
D	3.4	1000.0
E	4.0	100.0
F	4.5	1.0
G	10.0	1000.0
H	11.1	100.0
I	11.9	1.0

1) 표준화를 사용하여 군집의 수가 3인 군집분석(k-means)을 하라.
2) 표준화를 사용하지 않고 군집의 수가 3인 군집분석(k-means)을 하라.
3) 위 결과를 비교하여 설명하라.

| 프로젝트코너 |

프로젝트자료(project_data.xlsx)에서 성별(gender), 선호하는 음식(food), 폰(phone), 혈액형
(blood_type)을 이용하여 군집의 수가 4인 군집분석(k-means)을 하고 각 군집의 특징을 기술
하라. 단 clustering 파라미터의 랜덤시드는 자신의 학번으로 한다.

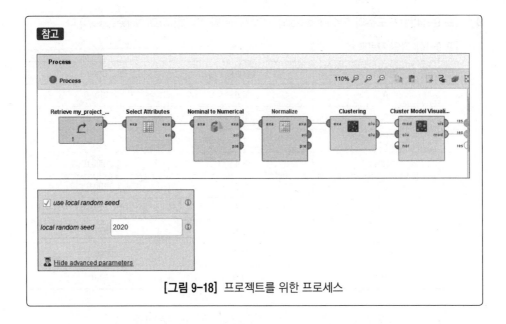

[그림 9-18] 프로젝트를 위한 프로세스

아래의 결과에서 점수가 높은 것은 해당되는 사람이 많다는 뜻이다. 예를 들어 군집0에는 여성이 많고 군집1에는 남성이 많다. 그리고 군집0는 한식을 싫어하지만 군집2는 한식을 선호한다.

[표 9-15] 프로젝트를 위한 프로세스 결과 일부

Attribute	cluster_0	cluster_1	cluster_2	cluster_3
gender = Male	-1.053	-0.119	0.949	0.225
gender = Female	1.053	0.119	-0.949	-0.225
food = korean	-0.220	0.077	0.163	0.099
food = fusion	0.046	-0.030	-0.036	-0.005
food = tai	0.083	-0.150	-0.015	-0.117
food = japanese	0.081	-0.035	-0.074	0.017
food = china	0.082	0.086	-0.084	-0.037

오퍼레이터 정리

〈주의사항〉

a 오퍼레이터와 res가 연결된 상태에서 오퍼레이터 b를 추가할 경우,

① a 오퍼레이터와 res를 연결한 선을 삭제하고
② b 오퍼레이터를 추가한 후
③ b 오퍼레이터와 res를 연결하도록 한다.

● 2장에 사용된 오퍼레이터

- Read Excel: Excel 형태의 데이터를 불러오는 오퍼레이터

● 3장에 사용된 오퍼레이터

- Retrieve: 저장소에 저장된 데이터를 불러오는 오퍼레이터

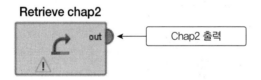

- Filter Examples: 조건에 맞는 사례를 찾는 오퍼레이터

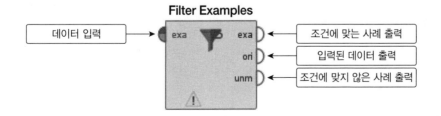

- Replace: 자료값을 교체하기 위한 오퍼레이터

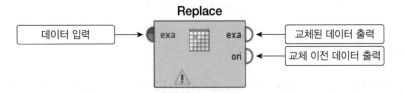

- Generate ID: ID 변수를 생성하기 위한 오퍼레이터

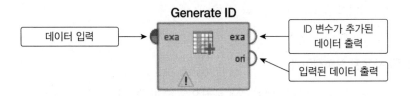

- Generate Attributes: 새로운 변수를 생성하기 위한 오퍼레이터

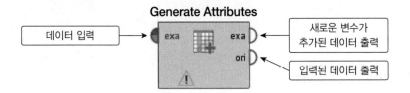

- Generate Data: 데이터를 생성하는 오퍼레이터

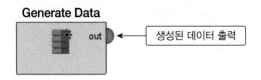

●5장에 사용된 오퍼레이터

• Correlation Matrix: 상관분석을 위한 오퍼레이터

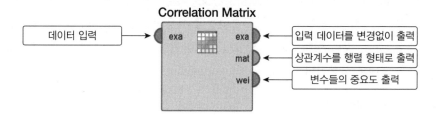

●6장에 사용된 오퍼레이터

• Set Role: 변수들의 역할을 변경하기 위한 오퍼레이터

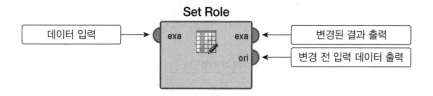

• Linear Regression: 학습용자료를 입력하여 회귀함수를 추정하고 이를 출력포트로 내보내는 오퍼레이터

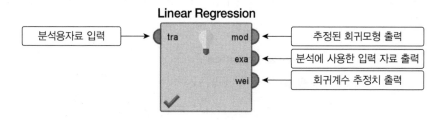

• Apply Model: 이전 오퍼레이터의 모형을 적용하여 예측값을 산출하는 오퍼레이터

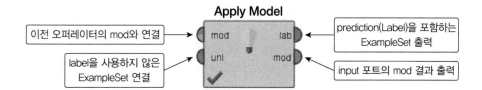

input 포트(입력포트)

ⓐ mod: 주로 이전 오퍼레이터의 mod와 연결된다.

ⓑ unl: label을 사용하지 않는 ExampleSet 혹은 시험용자료와 연결한다. 따라서 unl에 연결되는 자료는 모형을 구축하는데 사용되었던 ExampleSet의 속성들과 개수, 순서, 자료 형태 그리고 역할이 일치하여야 한다. 본 예제에서는 학습용자료를 그대로 사용한다.

output 포트(출력포트)

ⓒ lab: 새로운 속성 prediction(Label)을 포함하는 ExampleSet을 출력하여 준다.

ⓓ mod: res와 연결된다면 단순히 input 포트의 mod 결과를 출력하여 준다. input 포트의 mod 결과인 회귀분석 결과를 출력하여 준다.

• Performance: 이전의 Apply Model과 연결하여 구축된 모형의 성능을 평가해주는 오퍼레이터

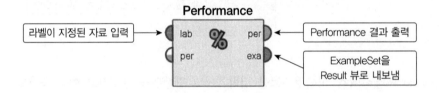

• Select Attributes: 입력된 데이터에서 일부 변수로 구성된 데이터를 만들기 위한 오퍼레이터

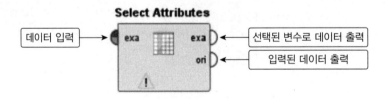

- Decision Tree: 의사결정나무 분석을 위한 오퍼레이터

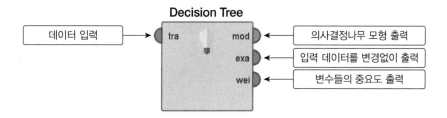

● 8장에 사용된 오퍼레이터

- Nominal to Numerical: 질적변수를 양적변수로 변환하는 오퍼레이터

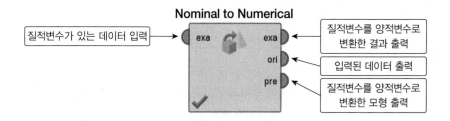

- Neural Net: 신경망분석을 위한 오퍼레이터

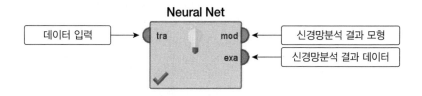

● 9장에 사용된 오퍼레이터

- Clustering: 군집분석을 위한 오퍼레이터

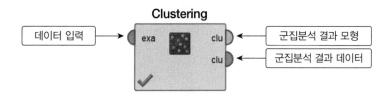

• Normalize: 표준화를 위한 오퍼레이터

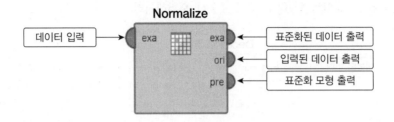

• Cluster Model Visualizer: 군집분석을 시각화하기 위한 오퍼레이터

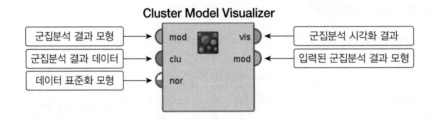

nor 포트는 normalize 오퍼레이터의 pre 포트에 연결되어 데이터를 표준화한 모형을 입력받는다. 이렇게 입력된 표준화모형은 표준화된 자료를 원자료로 환원하여 군집분석의 결과를 원자료로 보여 주는 데 사용된다.

찾아보기

저자 소개

김병수
서울대학교 / 통계학박사
(현재) 인제대학교 통계학과 교수
주요 연구분야: 시계열분석, 데이터마이닝
Email: statkbs@inje.ac.kr

배화수
미국 UW–Madison / 통계학박사
(현재) 인제대학교 통계학과 교수
주요 연구분야: 다변량분석, 실험계획
Email: statwbae@inje.ac.kr

석경하
서울대학교 / 통계학박사
(현재) 인제대학교 통계학과 교수
주요 연구분야: 딥러닝, 머신러닝
Email: statskh@inje.ac.kr

조대현
서울대학교 / 통계학박사
(현재) 인제대학교 통계학과 교수
주요 연구분야: 데이터마이닝, 확률론
Email: statcho@inje.ac.kr

최국렬
서울대학교 / 통계학박사
(현재) 인제대학교 통계학과 교수
주요 연구분야: 선형모형, 데이터마이닝
Email: statchoi@inje.ac.kr